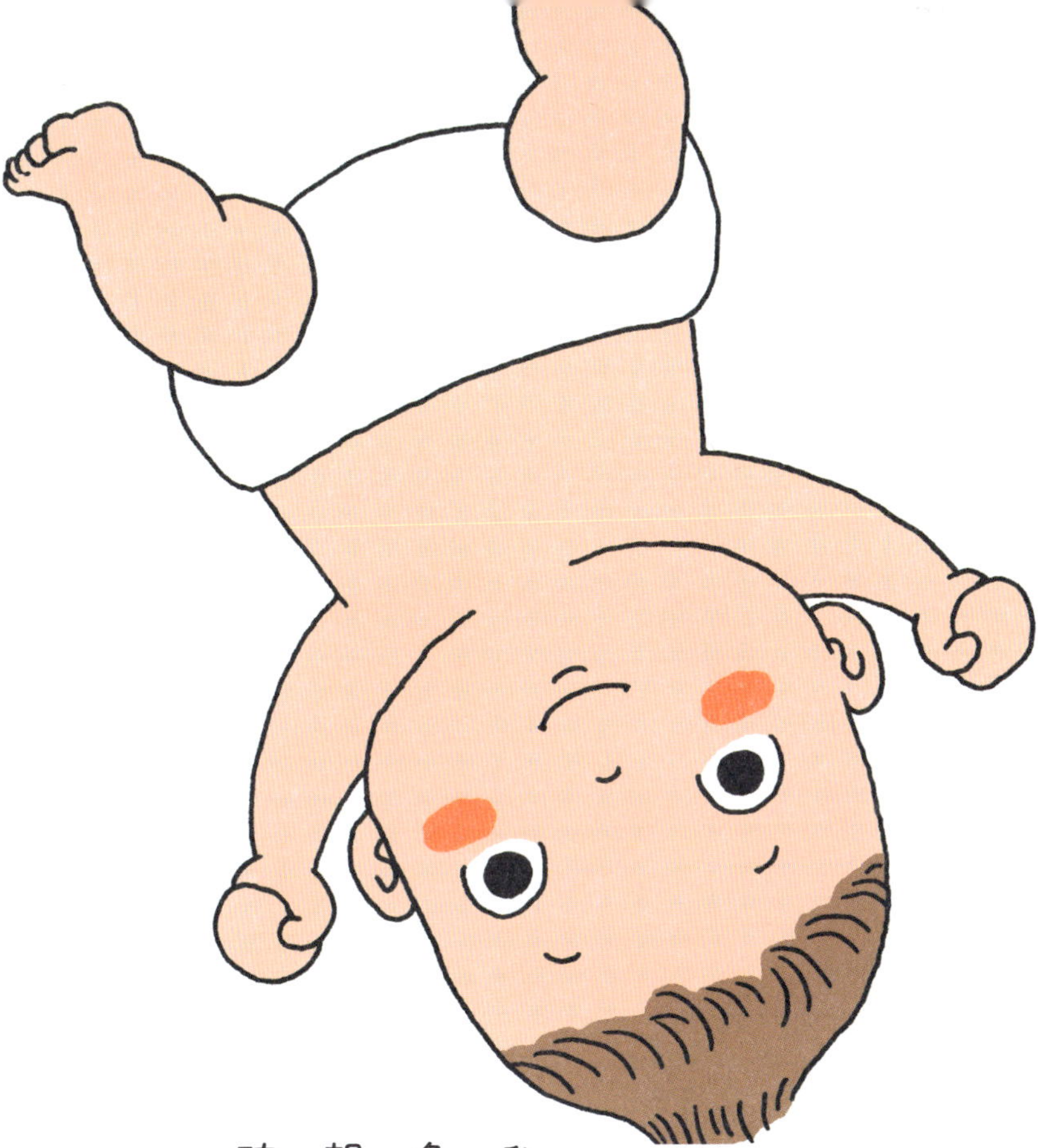

ひとりでも
多くの子どもに、
親の元で育つ
確かな温《ぬく》もりを

インターネット赤ちゃんポストが日本を救う

GENTA SAKAGUCHI
阪口源太
ERAITENCHO
えらいてんちょう
TAKU NISHIKAWA
にしかわ たく［漫画］

はじめに

「親子とはなにか」と聞かれたら、あなたはどのように答えますか？

頭にまず浮かぶのは「一組の夫婦と、その間に生まれた子ども」でしょうか。

しかし「親子」の関係はいつもこの形をとるとは限りません。子どもの立場から見ると親の離婚・再婚によって血のつながりの無い親ができることもあるし、養子に出ることもあります。ですから「親子」と聞いてイメージする構成は、人によって異なるでしょう。

では今度は、「親子は、なんのためにあるのか」と聞かれたらどのように答えますか？

人それぞれ考えや価値観に違いはありますが、「親は愛情をもって子どもを守り、子どもは親に守られながらしっかり育っていく」ことが親子関係の基本である点については、誰もが納得できるでしょうし、どのような親子の形にも共通するのではないかと思います。

しかし、いまの日本では、この「基本的な親子関係」が十分に実現されているとは言えません。さまざまな事情によって、実の親から養育を受けることができない小さな子どもたちが大勢いるのです。

その一方で、心から望みながらも子どもに恵まれない夫婦が大勢います。そしてその両者が巡り会い、改めて親子になり、新しい幸せな生活をつくる機会は現在極めて少ないのです。この状況は決して「仕方がない」で済ませていいものではありません。

このような子どもと夫婦をつなぐための制度に「特別養子縁組」があります。

私は「インターネット赤ちゃんポスト」というマッチングサイトと「全国おやこ福祉支援センター」というNPO法人を2019年3月まで運営し、特別養子縁組のサポートを行ってきました。欧米では一般的な制度として浸透していますが、日本での浸透はまだまだ十分とは言えない状況で、養子縁組の成立件数もOECD諸国で最少です。

多くの方に私たちの国の現状を正確に知っていただき、国全体の将来の問題として関心を持っていただきたいという思いで、今回、この状況を憂慮しているえらいてんちょうさんと一緒に本書を執筆いたしました。

多くの方からの正しいご理解が得られ、議論と省察がより深められれば、国として進むべき方向もおのずと定まってくることでしょう。また、少子高齢化の糸口も必ずや見えてくるはずです。

小さな命を家族の笑顔に変えるため、そしてこの国の明るい未来のために、本書がこの問題を考える一助になることを願っております。

NPO法人　全国おやこ福祉支援センター
代表理事

阪口源太

目次

［第1章］

児童養護の理想と現実

少子化対策の必要性に迫られる現代

いま、子育てに関わるふたつの問題に、かつてないほど関心が集まっています。

ひとつ目の問題は「少子化」です。その対策の必要性は多くの人が認識しているところでしょう。これからの社会と経済を支えていくためにも、生まれてくる子どもをいかに増やすかを考えることが大切なのはいうまでもありません。

しかし、子どもの数がただ増えればいい、というわけではありません。生まれたその時から、子どもの人生が始まります。かけがえのない命が適切に、そして健やかに育っていくことのできる環境を十分に整えることもまた大切です。

それこそが、もうひとつの問題です。

近年、ニュースなどで「虐待」や「親のネグレクト（育児放棄）」の話題を目にすることが増えており、社会問題として大きな注目を集めています。

これらの原因としては、親の無責任さや国の政策の遅れが論じられがちです。

しかし実際は、そんなに単純な話ではありません。長年この問題に向き合ってきた私たちの目には、現状は**「親も国もともに、問題解決に向けて努力をしている。しかし子どもにとって十分ではない」**という状態に映ります。

まだ幼く、右も左もわからない子どもたちにとって、十分に時間と愛情を注いで育ててあげることがどれだけ大切なことか、子育て経験のある方はもちろん実感されているでしょうし、そうでない方でも想像がつくことと思います。

虐待やネグレクトなどの状況から保護を必要とする子どもの数は約４万５０００人にものぼるとされています。

現在、そのような子どもたちの多くは、「児童養護施設」という場所で生活しています。施設では、同じような境遇の、赤の他人である子どもたちと一緒に暮らすことになります。

心身が健全に育っていく基礎となる幼少期に、家庭事情によって精神的ダメージを負った子どもたち。彼ら一人一人を24時間見守り、安心した気持ちで社会に送り出してあげられるようにと、絶えず努力されている施設職員の方々には心から敬意を表します。施設の環境も、現在では一般の住宅と比べてもほとんど遜色がないまでに改善されており、これは間違いなく国による大きな成果です。

ところが、施設に預けられる理由となる虐待などの問題は、どれも同じ要因によって起こるのではありません。「父親に逃げられてしまった」「産んでも経済的に育てられそうもない」「親自身がかつて虐待を受けていた」など、ケースの数だけ事情が存在します。

2019年1月に千葉県野田市で発生した児童虐待死事件では、父親からの暴力や叱責に母親が毎日苦しめられていた可能性があるとの報道がありました。その辛さを避けたい心理で、夫から娘への虐待を黙認してしまった結果、死に至らしめてしまったのです。

親は、それぞれの置かれた環境下で我が子の養育に取り組みます。そのなかで**精神的に追い詰められてしまった結果、虐待などの行為に行き着いてしまうケースが少なくありません。**

産み親を責めるのは簡単ですが、賢明とは言えないでしょう。それでは問題の根本的な解決にはなりません。

そうでなく本当に考えるべきは、**元の家庭環境でトラブルが起きた場合でも子どもたちが安心して育つことができる、「第二の環境」を充実させること**です。そのような取り組みが充実すれば、結果的に少子化の改善にもつながるはずです。

最も大切な「子どもを守る」「子どもを育てていく」視点から考えると、現在のシステムではどうしても限界があります。

具体的にどのような限界があるのか。そしてその限界を乗り越えて、子どもたちにとってより良い環境を整えるためには、何をすれば良いのか。本書ではそれらを考察し、有効かつ有力な解決策を示したいと思います。

児童養護施設ではすべてを解決できない

厚生労働省によると、「社会的養護が必要な対象児童者数」は日本全国で約4万5000人にのぼるとされています（平成31年4月現在）。同省ホームページによれば「社会的養護」とは**「保護者のいない児童や、保護者に監護させることが適当でない児童を、公的責任で社会的に養育し、保護するとともに、養育に大きな困難な問題を抱える家庭への支援を行う」**取り組みのことで、**「子どもの最善の利益のため」**に**「社会全体で子どもを育む」**ことを理念とします。

【社会的養護の現状】

里親 家庭における養育を里親に委託		登録里親数	委託里親数	委託児童数
		11,730世帯	4,245世帯	5,424人
区分（里親は重複登録有り）	養育里親	9,592世帯	3,326世帯	4,134人
	専門里親	702世帯	196世帯	221人
	養子縁組里親	3,781世帯	299世帯	299人
	親族里親	560世帯	543世帯	770人

ファミリーホーム 養育者の住居において家庭養護を行う（定員5～6名）	
ホーム数	347か所
委託児童数	1,434人

施設	乳児院	児童養護施設	児童心理治療施設	児童自立支援施設	母子生活支援施設	自立援助ホーム
対象児童	乳児（特に必要な場合は、幼児を含む）	保護者のない児童、虐待されている児童その他環境上養護を要する児童（特に必要な場合は、乳児を含む）	家庭環境、学校における交友関係その他の環境上の理由により社会生活への適応が困難となった児童	不良行為をなし、又はなすおそれのある児童及び家庭環境その他の環境上の理由により生活指導等を要する児童	配偶者のない女子又はこれに準ずる事情にある女子及びその者の監護すべき児童	義務教育を終了した児童であって、児童養護施設等を退所した児童等
施設数	140か所	605か所	46か所	58か所	227か所	154か所
定員	3,900人	32,253人	1,892人	3,637人	4,648世帯	1,012人
現員	2,706人	25,282人	1,280人	1,309人	3,789世帯 児童6,346人	573人
職員総数	4,921人	17,883人	1,309人	1,838人	1,984人	687人

※里親数、ＦＨホーム数、委託児童数、乳児院・児童養護施設・児童心理治療施設・母子生活支援施設の施設数・定員・現員は福祉行政報告例（平成30年3月末現在）
※児童自立支援施設・自立援助ホームの施設数・定員・現員は家庭福祉課調べ（平成29年10月1日現在）
※職員数（自立援助ホームを除く）は、社会福祉施設等調査報告（平成29年10月1日現在）
※自立援助ホームの職員数は家庭福祉課調べ（平成29年3月1日現在）
※児童自立支援施設は、国立２施設を含む

前ページの表は、今年の4月に厚生労働省が発表した資料〈社会的養育の推進に向けて〈参考資料〉〉です。現在日本には、大きく分けると主にふたつの社会的養護の方法があります。ひとつは乳児院や児童養護施設などの**「施設に入所させる」**方法、そしてもうひとつは、里親への委託や養子縁組などの**「別の家庭で育てる」**方法です。

現在は、**社会的養護全体の実に7割近くが、「施設への入所」という形を取っています。**

しかし、乳児院や児童養護施設で育てることは、必ずしも最適な方法とは言えません。児童養護施設に入所する子どもたちの中には、元の家庭で満足な食事がとれていなかったり、暴力や性的虐待を受けていたケースがあり、施設に入ることでこれらの状況から解放されることは事実です。

一方で、これらの施設は一般家庭と比べ、決して満足な環境ではありません。確かに以前と比べると施設での生活は劇的に改善され、家庭に近い環境が整えられてきています。

それでも厳然として、複数の子どもたちを数人の職員が交代で見ている状況は変わりません。当然ながら職員にも自身の家庭や生活があります。実の親のように一日中、一年中一緒にいてあげられるわけではありません。職員の方々の懸命な努力にもかかわらず、どうしてもそこに限界が生じます。

「家庭」という区切られたスペースの中で、特定の親のもとで愛情をいっぱいに受けながら生活する、という経験は、施設では実現が難しいのです。「親」という不動の存在、一対一の親子関係のもとでじっくり養われる親との愛情関係が、そこには存在しないからです。

実際、施設で育った子どもたちは、母親など養育者への適切な愛着が形成されず、後々に対人関係などで困難を有する愛着障害に陥るケースも多いとされています。

このように「施設への入所」という方法では、子どもの成育に欠かせない重要な要素が十分に満たされません。それなのに社会的養護全体の7割近くを占めている現状は、改善されるべきでしょう。

「不動の存在」のもとで「日常の安心感」を育み、一人一人の能力や資質に相応《ふさわ》しい充実した学習環境を用意する。成人後には望ましい経済基盤を用意し、貧困に陥らないようにする。暴力や虐待の連鎖を生まないために、適切な精神的支援を行う。これらの養護のために、やはり「家庭」に勝るものはないのではないでしょうか。

事実、施設保護を段階的に廃止し、すべての子どもたちに家庭環境を与えるという、国連の指針に沿った取り組みが、国際的には一般的になってきています。日本はこれまで遅れをとっていましたが、ようやく平成29年7月に児童福祉法が改正され、厚生労働省が未就学児の施設入所処置を原則停止とする方針を発表しました。日本の里親委託率はＯＥＣＤ諸国で最も低く、この法改正は画期的な方向転換と言えます。

施設への入所を減らす代わりに「家庭」で育つ子どもを増やしていくために、私たちが勧めるのが「里親への委託」です。私たちはその中でも**「特別養子縁組」**という選択肢の推進に取り組んできました。

養親の元で育てる「特別養子縁組」の推奨

実は里親への委託は、日本でも決して新しい概念ではありません。国の制度としてもすでに整えられています。

里親への委託の方法には、戸籍上の親子関係を結ばない「養育里親」と、戸籍上で親子関係を結ぶ「養子縁組」のふたつがあります。

「養育里親」では、里親は一時的に子どもを預かる立場になり、里親手当のほか、子どもの生活費や医療費、進学支度金などが国から支給されます。

一方の「養子縁組」は、恒久的な親子関係の構築を目的として法整備された制度です。養育里親と異なり、戸籍の原本に養子縁組の事実が記載され、法的にも親子関係となります。

さらに養子縁組には**「普通養子縁組」**と**「特別養子縁組」**の2種類があります。

前者の普通養子縁組は、もともと家の存続を目的とした制度であり、実親との親子関係も残ります。そして後者の「特別養子縁組」は、**子どもの利益と福祉を目的とした制度であり、実親との親子関係は残りません。**ですから、先ほど問題にした虐待やネグレクトのようなケースにおいて、非常に有効な手段だと言えます。

2種類の養子縁組について、左記により詳しくまとめます。

用語解説

普通養子縁組

・「家の存続」を目的として作られた制度。近年では、相続税対策のために孫を養子にするといったことも行われている。

・戸籍上、実親との親子関係は残したままになり、子どもから見れば実親、養親のいずれとも親子関係がある。

・離縁可能。
・子どもは実親についても養親についても相続権を有する。

用語解説
特別養子縁組

・「子どもの福祉」を目的として作られた制度。
・戸籍上での記載は実子と同様に「長女」「長男」のように表される。ただし、特別養子縁組を行った旨は記載される。これは、子どもの出自を知る権利の保障および近親婚防止の観点からの措置と思われる。したがって、時折見かける「戸籍には養子である旨は一切記載されず、実子の場合と何ら変わりはない」という解説は正確ではない。
・原則として離縁不可。
・子どもは養親についての相続権を有する。実親についての相続権は養子縁組成立をもって消滅する。

このように、里親への委託にも養育里親、普通養子縁組、特別養子縁組と複数の方法があります。しかし現状では、先ほども見たように、社会的養護が必要な子どもの三割ほどしか里親のもとで養育されていないのです。

この状況にはどのような理由があるのか。そして本書で特に「特別養子縁組」を勧める理由はなにか。ここからはその背景について説明したいと思います。

実親の親権が強すぎる日本

現在の日本の法律では、生みの親である「実親」に極めて強い親権が保障されています。その中心は実母であり、実母が即、親権者となります。

確かに親権の果たす役割は大きいのですが、他国に比べると親権が強すぎるため、弊害が生じていることも事実です。

たとえば「養育里親」のもとに里子に行ったとしましょう。里親と関係を育みお互いに愛着が湧いてきても、実親に「うつ病が良くなってきたのでやっぱり育てたい」という意思がある場合には、親権が強く働き、子どもが行ったり来たりしてしまう事態が起こり得ます。戻った実親のもとで再度虐待に遭い、結果、今度は別の里親の元に行かざるを得ない事態すら起こり得るのです。

このように、**親権は時として「子どもに安心できる適切な成育環境をつくる」という目的に対してマイナスに働くことがある**のです。

この強い親権は、私たちの社会が持っている「産んだ人が責任をもって育てるべき」という共通認識から生まれていると考えられます。しかし、果たして現代において、このような価値観が、すべてのケースに対して妥当なものでしょうか？

本書ではそのような価値観から離れ、代わりに**「出産と養育の分離」**という選択肢を提案します。「産み親が育てる」ことはあくまでも手段のひとつであり、場合によってはより良い他の手段があり得るのではないかと思うのです。

皆さんの親戚の顔を思い浮かべてみて下さい。自分のおじいさんやおばあさん、いとこはよく知っているけれども、ひいおじいさん、ひいおばあさんやそれ以上遠くなるとよくわからない、という人もきっと多いでしょう。逆に、ごく稀に会うけれども、具体的には血縁関係がよくわからない親戚が思い当たる人もいるでしょう。

確かに血縁関係は長い歴史を持ち、人間の本質にも関係する大切な概念です。一方でそれは必ずしも絶対的なものではない、というのが本書の主張です。

血縁による親子関係と、養子縁組などによる血縁のない親子関係は、同じ社会の中に共存していい。**子どもを愛し、「家族」「家庭」という何にも代えられない空間を形成するという点において、両者に優劣はありません。**

自分の知らない親族について知りたければ自分で調べればいいように、養子であっても産みの親のことは大人になって知りたければ調べればいい、という認識で良いのではないでしょうか。現状でも、両親の離婚・再婚によって、複雑な血縁関係を有する人は珍しくありません。

いまこの国で起きているのは**「産む人と育てる人が同じでなければならない」という固定観念が一人歩きし、本来最優先にするべきはずの子どもの福祉が二の次になってしまっている**という事態です。血縁や親権を必要以上に絶対視した結果だと言えるでしょう。

以上のような背景から私たちは、**実親との親子関係が残る「養育里親」や「普通養子縁組」よりも、法律上の親子関係を断つことのできる「特別養子縁組」を推進します。**もちろんこれは、現代において、社会的養護を必要とする子どもには実親との絶縁が望ましいケースが多いためです。家庭環境によっては実親との縁を残すほうがいいケースもあり、すべてを特別養子縁組にすべきだと主張するわけではありません。

繰り返しになりますが、私たちが第一に考えなければならないのは子どもの幸せです。このような方法があるのだという認識がより一般的になることで、親にとっても子どもにとっても選択肢が増えることが大切なのです。

慎重になり過ぎる専門機関

次に、実親との生活が困難な児童に最初に接することになる児童相談所をはじめとした、専門機関の対応について考えてみます。彼らが慎重になり過ぎていることが、里親への委託が十分に進んでいない理由のひとつではないか、という観点です。

先ほど示したように、社会的養護を必要としている子どもはたくさんいます。ならば里親への委託が少ない理由は、里親を希望する夫婦が足りていないからではないか、と想像した方も多いかもしれません。

しかし、事実は全く逆です。待機児童ではなく「待機里親」がたくさんいるのが現状です。特別養子縁組に関して言えば、縁組がなかなか成立しないために、里親になりたくてもなれないという状況が起こっているのです。

現在の制度では里親を希望する夫婦は、児童相談所に何度も通い半年ほどの研修を受けた後、登録することになります。そうした研修や実習、さまざまな過程を踏んでようやく認定をもらった後、里子との縁組までずっと待たされることになるのが現状です。そのまま時が経ち、子どもを育てる適正年齢を過ぎてしまうことも少なくありません。

そうした夫婦の中には、それ以前に多額の費用と労力をかけて不妊治療を行ったところ思わしい結果を得られず、その上、特別養子縁組もなかなか実現できずつらい思いをしている、というケースもあります。

もちろん特別養子縁組は子どもの福祉のための制度であり、最優先に考えるべきは子どものことですが、一方で里親を希望する夫婦がないがしろになっていることもまた、憂慮すべき問題ではないでしょうか。

そもそも、人ははじめから親であるわけではありません。子どもが生まれ、実際に子育てを行っていく中で、子どもの成長と一緒に親として成長していくものです。今回の著者のひとりであるえらいてんちょうさんには、子どもがふたりいます。上の子が生まれた時、はじめは親の実感がありませんでしたが、1カ月、2カ月と共に時間を重ねるにしたがい、強い愛着が湧いてきたそうです。自分でも想像しなかったほどに愛情が増し、いまは「何に代えても守りたい」と思えるそうです。これは、実際に親になってみなければ分からない心情だと思います。

養子を望む夫婦には「親としての資質」が重視されています。確かにそれは大事ですが、一方で親を経験したことがない人に「親の資質」を求めるのは難しいものがあります。**どんな人間にも欠点があるのだから、どんな親にも欠点がある。子どもとの関わりの中でそれを乗り越えたり、折り合いをつけたりしていく。**そのような過程を通じて、親として成長していくのだと思うのです。

はじめから完璧な親など存在するはずがありません。親としての資質を求めすぎた結果が、いまだに7割を占める施設への入所措置と、数多くの待機里親という現状なのです。

児童相談所としては、行った先で虐待などの問題が起こる、いわば養子縁組の「失敗」

が怖くて里親に出せない心理もあるでしょう。

また厚生労働省は、子どもの福祉のために「永続的に家庭に定着させること」を優先しており、一回養子縁組に出したら戻さないスタンスが強いという事情が、こうした状況の背景にあると考えられます。

永続性に気を取られ過ぎた結果、本来必要な里親委託の数パーセントしか実現できていないとなれば本末転倒です。もちろん、親としてのある程度の資質や責任なども必要ではありますが、基本的に親も子育ての中で成長していくという認識で、もっと特別養子縁組の成立を増やそうとすべきでしょう。


一方、議員が動く「選挙」という面から考えると、「養子縁組」は当事者が非常に少ないテーマです。

保育園や老人ホームなどは直接関係する立場の人が一定数いるため、対策を訴えることが比較的票につながりやすいでしょう。

一方、養子縁組となると、「自分に直接関係はない」「自分の生活に影響しない」と捉える人が多いのでなかなか票になりにくく、議員にとっても優先順位が低くなります。だからと言って何もしないなら、少子高齢化問題は深刻になる一方ですから、私たちが声を上げていくことが大切です。

ここまでで、この国における施設の子どもたちの実情、社会的養護の実態を説明し、その上で「特別養子縁組」を推奨する理由、特別養子縁組が今日、機能しきれていない原因について、ひと通り考察してきました。

第2章からは、養子縁組を必要とする人や別の方法を選んだ人の具体例を、実話を元にしたマンガと解説を通じて紹介していきます。

［第2章］

残された実母

ストーリー1
斉藤美由(32歳)元OL
あの頃の私は本当に幸せで…
先には明るい未来しか見えていませんでした――
職場にアルバイトで入ってきた気さくで優しい年下男性、M
私と彼は会ってすぐに意気投合しました
Mとのデキ婚がとんとん拍子で決まり
家族からも同僚からも祝福され何もかもが順調でした
それが突然――
いやぁぁぁぁ
地獄に突き落とされてしまったんです

今から思えば
「トシもトシだし」と
焦っていた自分にも
責任はあったと
思います…
事の発端は
Mの歓迎会の飲み会の後
わりと簡単に関係を持って
しまったこと
そこで避妊に失敗して
なんと**一度目で妊娠**
してしまったんです
私は若いころに
一度中絶して
ひどく傷ついた
経験がありました
○×産婦人科
もうあんな思いは
二度としたくない!!
そんな事情もあって
若い彼に
強引に結婚を迫り
承諾して
もらったんです
彼を両親に紹介し
式場も予約――
二人で新居を探していた
矢先のことでした

ある日 出社してみると…
Mくん 無断欠動 なんだけど… 斉藤さん 何か聞いてない？
嫌な予感が しました
ええっ？ Mくんが住んでた部屋が もぬけの殻!?
おまけに、帰宅して 引き出しを見てみると…
ない…
300万円の 通帳が どこにもない!!
この300万円は 2人で貯めた 結婚資金ですが
ほとんどは 私のお金でした
しかもご丁寧に 限度額いっぱいに 借り入れまで されている始末…
残額 マイナス 50万!?

逃げられた…
職場の人たちに合わせる顔がなく
出産休暇の予定に合わせてひっそりと退職…
中絶が可能な時期はとっくに過ぎています
どよ〜〜ん
……
日に日に大きくなるおなかの子どもとのこれからの人生を考え途方に暮れました
父は怒り狂い母は嘆き悲しむばかり…
ウガー!!
アイツ絶対ブチ殺す!!
なんでうちの娘がこんな目に…
めそめそ
しかし彼の行方は誰にもわからず…
あきらめるしかありませんでした
ヒュウゥゥゥウゥ

そんな中、姉がどこからか
「特別養子縁組」という
制度のことを聞いてきました
養子縁組をあっせんする
民間団体があるとのこと
ワラにもすがる気持ちで
団体を訪ね
詳しく話を聞いてみると
まさに私みたいなケースの
ためにある制度のようです
もちろん
一人で育てることも
考えてみましたが…
無職&貯金ゼロ…
せめてあの300万があれば…
今の私では
経済的にも
精神的にも
自信ゼロ
実は幼い頃
両親から虐待に近いものを
受けていた経験があり
ママ出して〜
おなかすいたよう〜
精神的に追い詰められた時
自分も同じことをしてしまい
そうな気がして、怖いんです

こうなったら心から子どもを欲しがっているしっかりしたご夫婦に育ててもらう方が
この子のためかもしれない…
まだ正直迷いもありますが
私は子どもを養子に出す道を選ぶことにしました
他人からは批判を受けるかもしれませんが
子どもの将来を考えるとこの道が最善なのではないかと思っています
私自身も一時は自殺を考えるほど思いつめていましたが
今は、何とかもう一度前を向くことができそうな気がしています…

結婚への過剰な慎重さが生むデメリット

妊娠がわかった途端、男性が逃げ出してしまい連絡がつかなくなるというのは、珍しい話ではありません。実際、私が運営していたＮＰＯでも特別養子縁組の相談に来る人の中ではもっとも多かったケースです。深く考えずに関係を持った結果、相手が妊娠し、そうなってはじめて子どもが生まれた先の将来を考え、子育てをしていく将来に自信が持てずに逃げ出してしまう……というのが逃げ出した男性側の心理と考えられます。

そもそも男性側が逃げ出す事態に行き着いてしまう不安は、どこから来るのでしょうか。その理由として大きく分けるとふたつの共通認識があると考えられます。

ひとつは「出産と子育てにはお金がたくさん必要」という認識。そしてもうひとつは、「子どもが生まれることにより、以後の生活が一変する」という認識です。

もう少し掘り下げてみましょう。一般に、子どもひとりを成人まで育てるのには、養育費と教育費を合わせて２０００万〜３０００万円のお金がかかると言われています（ＡＩＵ保険「ＡＩＵの現代子育て経済考２００５」より引用）。

【基本的養育費】

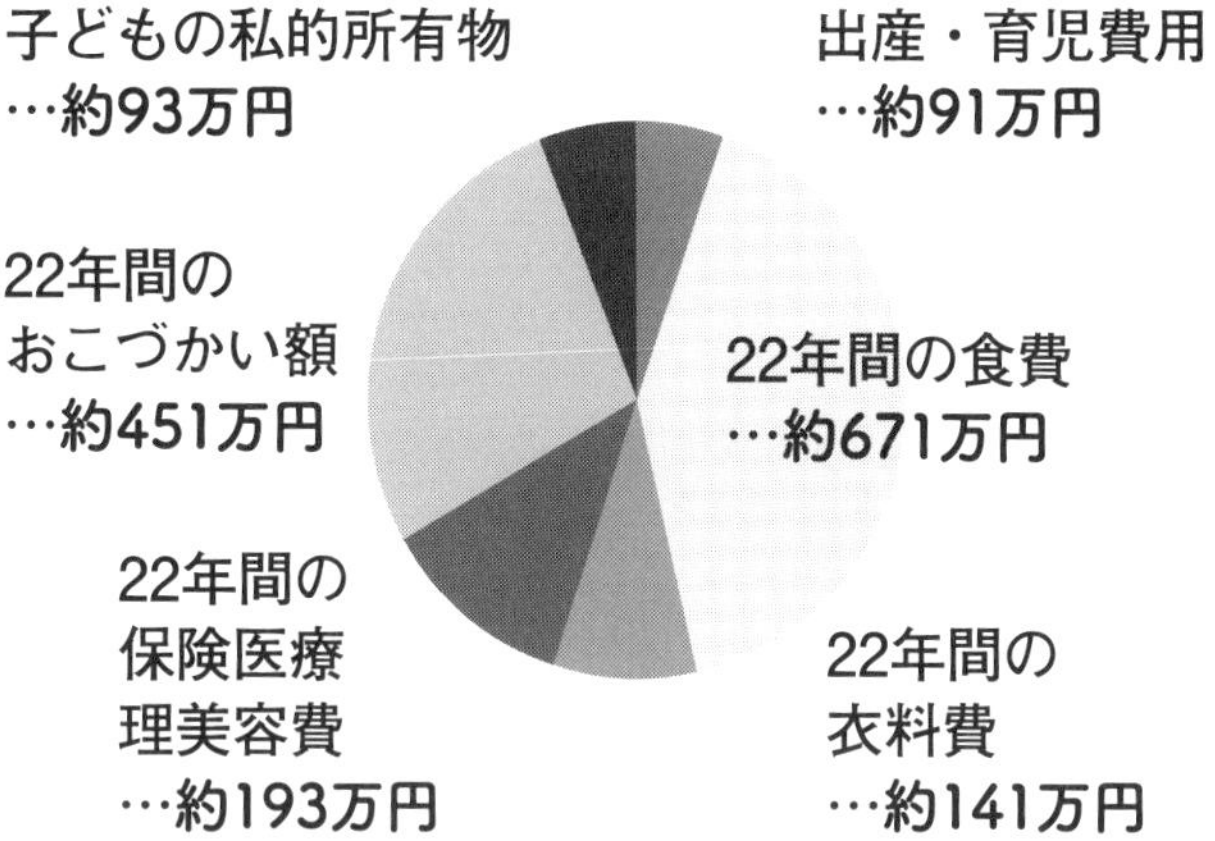

【公立・私立別にみた教育費（小学校は公立のみ）】

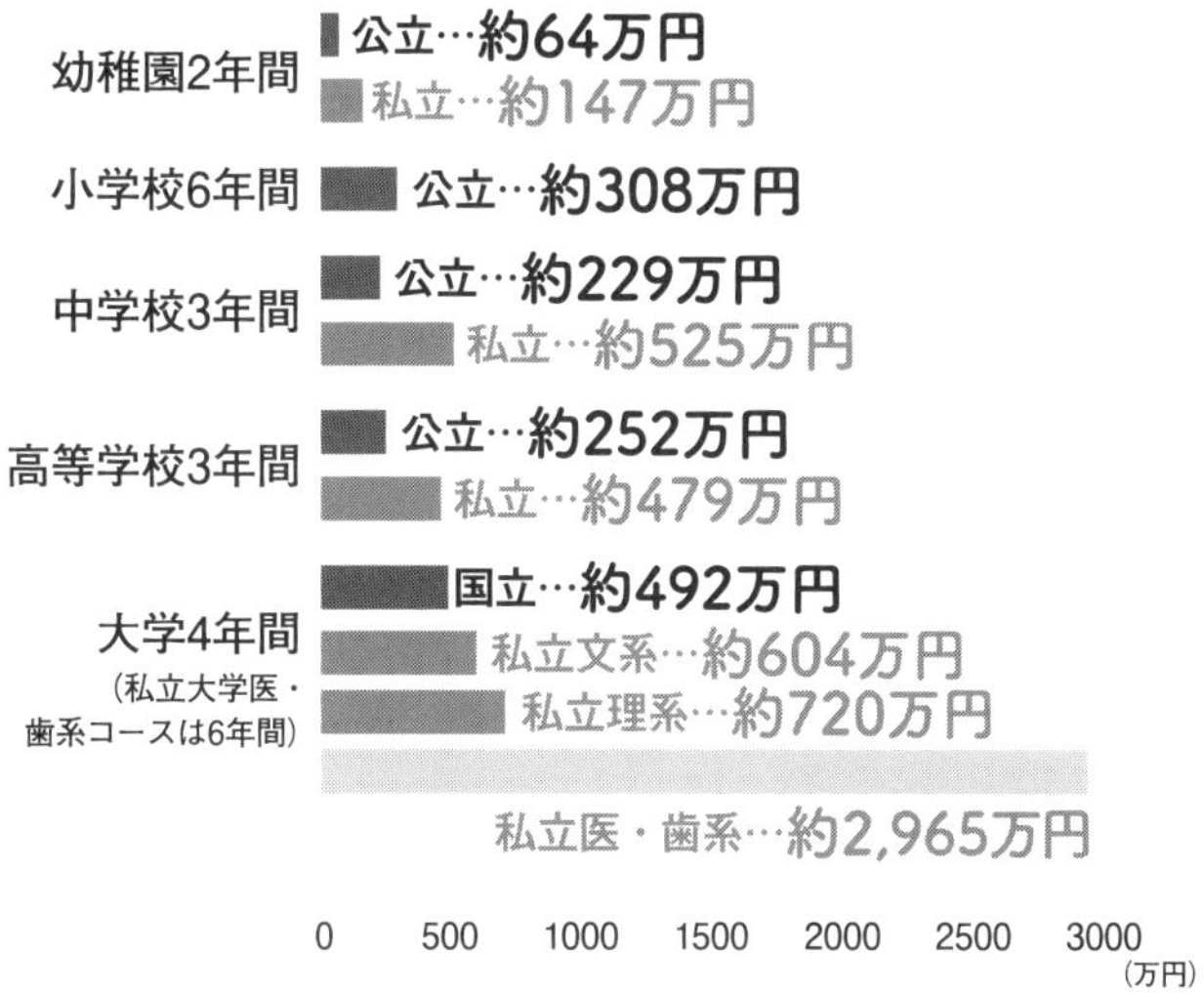

妊娠した女性のおなかの中にいる子どもを「産む」のであれば、これだけのお金を用意しなければならない、その上結婚するともなれば、住居や車など必要なお金はさらに積み重なると想定されます。

これまでは自分ひとりで生活していればよかったものが、突然結婚相手ができ、子どもが生まれ、その人たちと生涯暮らしていくことになる。経済的にも、これまでは自分が生きていくだけのお金を確保していればよかったものが、結婚生活にかかる費用、子育てにかかる費用、将来を見据えての貯金と、いきなりものすごい額のお金が必要になる。変化の大きさに戸惑い、自分が引き受けきれるか不安になる人が大半だと思います。

日本人の平均結婚年齢、出産年齢は30歳前後と言われています。立派な成人であることに間違いはないですが、それでも80年ほどの平均寿命を考えれば半分にも到達していません。その上働きはじめてから10年程度ですから、まだまだ経済面の見通しはつきにくいものです。なかには学生を終えて2、3年で結婚、出産する人もいます。その場合はつい数年前まで「育てられる」側だったのが突然「育てる」側になるわけです。

30年近く生きてきたと言っても、「育てられる」ばかりで「育てる」経験をしたことがない。**結婚や出産は、それまで生きてきて「初めて」の経験になるのです。**どのようなものでも、初めて経験することは不安に感じるもの。そういった意味ではこれは避けられない不安と言っていいでしょう。

もちろん「男性が逃げてしまうのは仕方がない」などと言うつもりは全くありません。しかし、こうした事態が現実に数多く起こっている以上、減らすためにはどうしたらいいかを考える必要があります。

その参考のひとつとして、今回の著者のひとりであるえらいてんちょうさんのケースを紹介しましょう。えらいてんちょうさんは現在28歳で、3年前に結婚しました。配偶者とはなんと出会って2日で婚約し、2週間で結婚に至ったそうです。もちろんその間に慎重に考えたと話されていました。その経験から率直に思うのは、「もっと気軽に結婚や出産をしてもいいのではないか」ということだそうです。結婚から3年経った今でも幸せな毎日を過ごし、長男も元気に成長しています。先日は長女も生まれました。

「2週間で結婚なんて、相手のこともよくわからないのに……」と思う方がほとんどかもしれませんが、幸せに暮らせているのならば全く問題ありません。**必ずしも慎重に、時間をかけることが正しいわけではないのです。**

そもそも、結婚や出産は本当に「重い」ものなのでしょうか。冒頭のマンガのように男性側が逃げてしまうのも、女性側が「年齢が年齢だから……」と半ば強引に結婚を迫ってしまうのも、結婚や出産が、

「慎重に慎重を期して決めるべき大事なこと」

という社会認識が過剰に浸透しているのが原因とは考えられないでしょうか。

こうした認識があることで、男性側は「そんな大事なことなのに簡単に決めて大丈夫なのか」という心持ちになり、女性側も結婚に慎重になりすぎて、ついには焦り始める年齢まで行き着いてしまうのではないかと思うのです。

結婚というものは、法的には役所に届けを出すことによって成立します。いくら親が反対しようとも、憲法には「婚姻は、両性の合意のみに基いて成立し」（第24条）と書かれています。えらいてんちょうさんは、結婚前に配偶者の母親から「認めない」と言われてし

まい、結婚式も挙げていませんが、その後問題なくいまに至っています。

一方で結婚式を挙げたい人は挙げればいいかもしれませんが、そこにかかる費用や手続きなどが結婚を重く考える一因になってしまうのであれば、デメリットです。えらいてんちょうさんは結婚式を挙げられておらず、そもそも結婚式はやらなければならないものではありません。**できるだけ面倒なことはやらず、極力シンプルに考えることが大事だと思います。結婚生活も、自分と相手と、子どもが生まれたなら子どもが食べていくことさえできれば大成功であり、そのための収入を得るのはそれほど難しいことではない**はずです。結婚はもっと軽いものであっていいし、事実としてそんなに大きなものではありません。

人生を力強く支えるセーフティネットの創出を

結婚に限らず、日本人の多くは慎重に行動しがちです。就職において大企業や公務員が人気であることからもわかるとおり、安定や安心を好み、将来まで見通せることを大切にします。また、失敗を避けたいという気持ちも強いように感じます。「失敗したらその時また考えればいい」「失敗したら次は失敗しないようにすればいい」という心持ちでいてもいいと思うのですが、受け入れがたいようです。

逆に最初から失敗しないようにとすればするほど、慎重になってなかなか行動に至りません。

そんな背景から、現代では結婚がとても難しいものになってしまっているのでしょう。

出産に関しても同じことが言えます。

子どもが生まれた場合は結婚のように「ダメだったら別れればいい」と簡単に言えませんが、だからと言って重く考えすぎても仕方がありません。「子どもを産むならまともに育てたい。習い事もさせて、大学にも行かせたい。だけどそのためにはお金がたくさんかかる……」と考える人は多いでしょうし、その気持ちは確かにわかります。

しかし、そもそも「まともに育てる」とは具体的にどういうことでしょうか。大学へ進学させて定職に就かせることでしょうか？

いろんな人間がいる以上、いろんな親がいます。いろんな家庭があります。それこそが社会の多様性を支える一因になっています。全員に大卒や正社員であることを求める社会には、違和感を覚えます。

日本は出産・子育てに関する支援が比較的充実している国です。子どもが生まれれば児童手当が月１万５０００円支給され、子どもの医療費は無料、義務教育も全部無料です。近年は、東京都では私立も含めて高校まで実質無償化され、塾の費用を支援してくれるＮＰＯもあります。

大学の学費は安くはありませんが、そもそも子どもが大学へ進学するかもわからない段階で、「子どもを大学にやれないから」と悩むのは少し気が早いのではないでしょうか。そう考えれば、出産に対してそれほど慎重になっても仕方がありません。

それでも、出産や子育てが初めて経験する出来事であることに変わりはありません。どうにもならないほど困難な状況に陥ることもあると思います。むしろ、一回でうまくいくのであればそれは極めてすごいことだ……と考えるべきです。

日本の社会は「できて当然、できなければダメ」という評価をしがちですが、本当はそうではないのです。結婚も出産も子育ても、生活ができて食べていければ万々歳で、すごい成果なのです。

ですから万が一、結婚や出産がうまく行かず困難な状況になってしまった人がいたのなら、**彼らが追い詰められてしまうことなく、その後の人生に向けて立ち直ることができるセーフティネットを社会が用意してあげることが必要なのです。**その点に関して言えばこの国はまだまだ不十分であると思います。

実親と養親どちらの育児も尊い

深刻な理由によって産み親が育てることが困難な場合もあり、そしてそれは決して本人の間違いではない。何らかの事情によって育てるのが厳しくなってしまったとしても、そもそも子育てに成功も不成功もないのだと、私たちは考えます。

このような観点から言えば、**「産んだ親が育てる」ことと「別の夫婦が育てる」ことは並列されて然るべきです。**

「産み親が責任を持って育てなければならない」「血がつながっていない親なんてかわいそうだ」などと他人が考えたとしても、それはその人の価値観であり、客観的な「正しさ」は伴いません。

より本質的で、十分に考えなければならないものは子どもの「幸福追求権」です。ひとりひとりの子どもにとって「何が幸福か」は異なりますが、子どもがはっきり意思表示できない発達段階にある場合には「特別養子縁組」という選択肢もあることは、多くの人に考慮に入れてほしいところです。

もちろん、実際に選択する場面においては親の考える「より良い」の基準が重要ですが、いずれにしても選択肢がしっかり用意されることが大切であると思います。

里親になることを希望する夫婦には富裕層が多く、大学進学率も高いというデータがあります。親の立場としては「大学に行かせてあげたい」「経済面で苦しい思いをしてほしくない」と考える人も多いでしょうが、産み親が経済的に非常に困窮している場合には、里親の元に養子に出すことで、子どもの将来の選択肢が増えるケースもあると思われます。

また、何らかの事情で精神的に追い詰められ、このままでは虐待を加えてしまうかもしれないというような場合では、「このまま自分が育てるよりも養子に出したほうが子どもも安心して生きていけるかもしれない」という考え方も尊重されるべきだと思います。

そのためには、まず「特別養子縁組という選択肢があり、それは決して悪いことではない」という認識が広く一般に共有されていくことが重要です。

どんな形であれ最終的に決めるのは実親ですが、困難に際してどうしたらいいかわからず、追い詰められてしまうような事態を少しでも減らすことが私たちの願いです。価値観は人それぞれですが、「子どもの幸せの形」を自分なりに考え、その実現が自分の元ではどうしても厳しいのであれば環境が整っている親の元で育ててもらうことを選んでも良いのです。

本章のまとめです。結婚も出産も、慎重になり過ぎることにメリットはありません。社会的に晩婚化ひいては少子化はますます進むばかりである上、慎重になればなるほど「失敗できない」と決断が困難になるからです。

先々の生活や経済面を心配しすぎるのもまた無意味です。生きていく上で失敗はつきものであり、結婚や出産、子育てにおいてもそれは例外ではありません。失敗してもそこから学んで成長したり、反省を活かして別の方法でやり直したりするのが人生ではないでしょうか。

そして仮に、それによって生活が成り立たないほどの困難な状況に陥ってしまったとしても、再起して暮らしていける方法が用意されているやさしい社会であってほしい。

特別養子縁組はそのような社会を実現するための仕組みのひとつなのです。

〔第3章〕

養子縁組を撤回した実母

ストーリー2
今野夏姫（23歳）三児の母
私は、4歳・2歳・0歳の3人の子どもを育てているシングルマザー
今は生活保護を受けながら育児オンリーの生活です
中学生のときに両親が2人そろって交通事故で他界
私は遠い親戚に引き取られました
しかしそこでの生活になじめず、高校も中退
私は家を出ました
その後は生活のために**夜の世界に**
初めはスナックそのうちにもっと収入になる**キャバクラ**へ…

そして店で出会った客の子どもを出産
彼はきちんと籍を入れてくれて私は専業主婦になりました
すぐに２人目も生まれそれなりに幸せな生活が何年か続いたんです
ところが、ある日突然彼が特殊詐欺の受け子をやったことがわかり
有罪判決を受け服役することに…
いろいろ考えましたが私は子どもの父親が前科者というのは嫌だったので彼と離婚――
宅配便のドライバー
子どもたちを保育園に預けてひたすら働くことにしました
その後しばらくして末っ子のパパと知り合い、妊娠
大丈夫！子どもはまとめて面倒を見るよ
再び私たち親子に幸せがめぐってきたんです

けれど
妊娠8カ月目の時に
おなかの赤ちゃんに
障害があることが判明
彼はとたんに逃げ腰になり…
チッ！こんな貧乏くじ引くんじゃなかった
時期的に中絶はもう無理…
ブブ
絶望しかけていたとき養子縁組の情報が入ってきたんです
ブブブブ
障害のある赤ちゃんでも育てたいというご夫婦がいらっしゃるとのこと
私は他に選択肢はないと思いそれを承諾しました
けれど、出産の日
生まれた赤ちゃんの顔を見た瞬間
この子を愛おしく大切に思う気持ちが心の底から込み上げてきたんです

障害のあるなしなんて関係ない!!
上の子たちと同じようにこの子は私にとってかけがえのない存在なんだ!!
この子を望んでくれた優しいご夫婦やお世話して下さったNPOの方々には本当に申しわけないと思いました
だけど…
すみません今回の養子縁組のお話はなかったことにして下さい
この子は自分で育てます
その決心を告げると彼は怒り狂いました
そんな子育てられるわけないだろ!
この子はどんなことをしても私が守ります
離婚して下さい
気がつけば私は別れの言葉を口にしていました

0歳児が対象の障害児保育施設が地域にないこともあり私は**生活保護**の申請をすることにしました
養子縁組の話をお断りしてしまったにもかかわらずNPOの方が親切にいろいろとアドバイスしてくれたんです
両親とは死別他に子育てを手伝ってくれる人もいないということで
「就労は現実的に不可能」と判断されすんなり受給開始となりました
私のこれまでの生き方を見て**なんて愚かな女**だと軽蔑する人もいるかもしれません
税金を使って生活しているという屈辱感がないと言えば嘘になります
けれど生活保護のおかげで子どもたちとのささやかな幸せが実現できていると思えば感謝の気持ちの方が大きいです

私たち親子がいつまで生活保護を受けられるかはわかりませんが
上の子どもが成人する頃には障害者を取り巻く状況も進歩していて
もっと暮らしやすい世の中になっているかもしれません
私は今からこの子たちのためにいろいろなことを勉強し直して資格を取ったりもしてみようと考えています
図書
せっかくいただいたこの「**猶予期間**」をより意味のあるものにしたいんです
今の私は、世間から見れば周囲に迷惑をかけているだけのバカな母親かもしれませんが
「私は三人の子を育てている母親です」と胸を張って言えるときが来るようにがんばりたいと思っています

生活保護は人生の保険として活用する

この章でお伝えしたいことはふたつあります。

ひとつは「子育てにおいても『生活保護』という選択肢があり、その選択は決して恥ずかしいものではない」ということ。そしてもうひとつは「生活保護や養子縁組という選択肢について知った上で決断することが大切だ」ということです。

前章でも検討したように、子育てにかかるお金を懸念し「最低でも子どもが成人するまでは安定した職と収入を得て、ある程度の貯金を確保したい。結婚、出産はその見通しが立ってからにしたい」と考える人はとても多いと思います。

しかし、それらの要素が揃っていなければ絶対に子育ては不可能なのかというと、そうではありません。何らかの事情で経済的にかなり厳しい状況に置かれてしまったとしても、日本には**「生活保護」**という制度があります。

生活保護に関しては、名称こそ広まっていますが詳細についてはよく知らない人がとても多く、その結果「自分には関係がない」と考え、ひいては「生活保護を受けるような人はどうしようもない人だ」と軽蔑する傾向があるように感じます。

しかし生活保護は有用な制度であり、決して悪いものではありません。

ここでは少しページを割いて、詳しく解説します。これからの社会を生きていく上で、制度に関する理解が大切だと思うからです。

厚生労働省のホームページでは、生活保護の趣旨が次のように説明されています。

生活保護制度は、生活に困窮する方に対し、その困窮の程度に応じて必要な保護を行い、健康で文化的な最低限度の生活を保障するとともに、自立を助長することを目的としています。

より具体的には、毎月の生活費や家賃、義務教育にかかるお金や出産があれば出産にかかるお金など、さまざまな場面において金銭面での補助を受けることができる制度です。

「健康で文化的な最低限度の生活」は日本国憲法で定められた、国民全員が持つ権利です。したがって、「健康で文化的な最低限度の生活」が得られそうもない状況に陥ってしまった場合に生活保護を受けることは、極めて正当な権利だと言えます。何ら責められることはありません。国民全員に平等に与えられた権利をただ行使しているだけなのです。

そうは言っても、「国民の税金を使っているわけだし……」「周りの目が気になる」など、後ろめたい気持ちから制度の利用を避ける人も多いでしょう。

「生活保護に使われるのは税金」。それは確かに事実ですが、振り返ってみると保護を受ける側もこれまで税金を払ってきているわけです。ものを買う時には誰もが消費税を払い、社会人であれば所得税や社会保険料を支払っています。ならば「他人のお金をもらって生きている」というよりは、「自分も支払っている税金の一部が返ってきている」と考えるのが適切なのではないでしょうか。

ちなみに、厚生労働省が今年3月に発表した資料（生活保護制度の概要等について）によると、実際にこの20年間で生活保護を受給する母子世帯はほぼ倍増しています。実数で約10万世帯の母子世帯が、実際に生活保護を受けている状況です。

【世帯類型別の生活保護受給世帯数の推移】

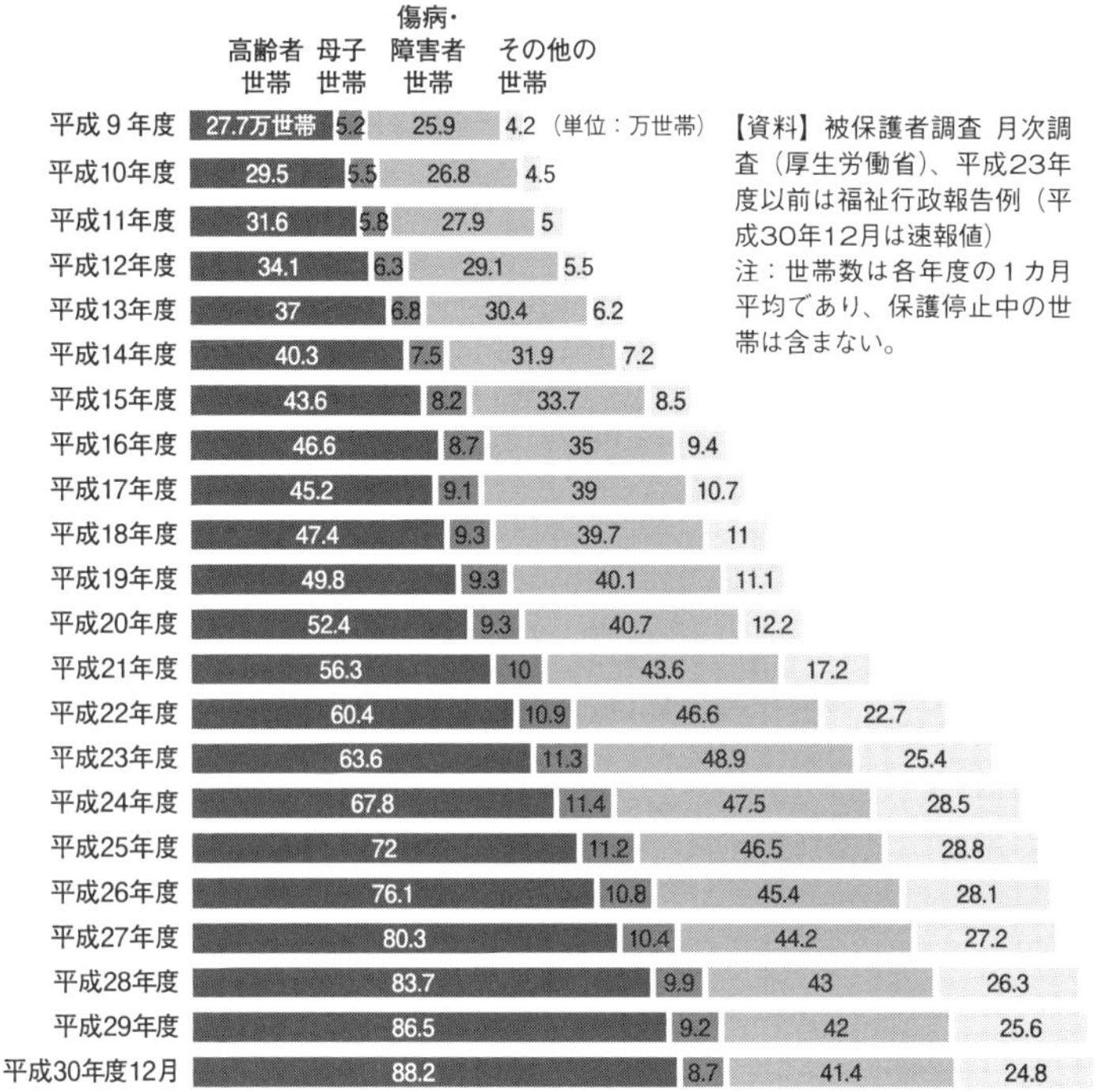

【資料】被保護者調査 月次調査（厚生労働省）、平成23年度以前は福祉行政報告例（平成30年12月は速報値）
注：世帯数は各年度の１カ月平均であり、保護停止中の世帯は含まない。

【世帯類型の定義】

- **高齢者世帯**：男女とも65歳以上（平成17年３月以前は、男65歳以上、女60歳以上）の者のみで構成されている世帯か、これらに18歳未満の者が加わった世帯
- **母子世帯**：死別・離別・生死不明及び未婚等により現に配偶者がいない65歳未満（平成17年３月以前は、18歳以上60歳未満）の女子と18歳未満のその子（養子を含む）のみで構成されている世帯
- **障害者世帯**：世帯主が障害者加算を受けているか、障害・知的障害等の心身上の障害のため働けない者である世帯
- **傷病者世帯**：世帯主が入院（介護老人保健施設入所を含む）しているか、在宅患者加算を受けている世帯、若しくは世帯主が傷病のため働けない者である世帯
- **その他の世帯**：上記以外の世帯

私たちは事故や災害に備えて保険に入り、定期的に保険料を支払います。火災保険であれば家が火災に遭ってしまった時のために、自動車保険であれば自動車事故などの時のために、保険に加入し保険料を支払います。

ならば生活保護もそれと同じように、**人生の保険のようなもの**だと考えても良いでしょう。自分が払った税金が直接自分の生活保護費に充《あ》てられるわけではないので、間接的ではありますが、**人生に掛けた保険が支払われている**ようなものです。

生活保護を受けている他人を見ると、あたかも自分のお金を使われているような気がしてしまうかもしれませんが、保険のシステムと比べれば納得できるのではないでしょうか。火災や自動車事故は、日頃から気を付けていたとしても、いつ起きてしまうかわかりません。同じように人生においても、予期せず苦しい状況を迎える可能性は常に、誰にでもあります。

そもそも人生そのものが誰にとっても初めての経験ですから、失敗する人がいて当然です。初めての人生を一人一人が果敢に生きているのですから、つらい時はみんなで助け合い、そこからの人生を応援したいものです。

受給資格を確認する扶養照会の現状

また「周りの目が気になる」という点についても同様に、人生ではさまざまなトラブルが突然起こり得るのですから、受給はまったく恥ずかしいことではありません。このような認識を少しでも広めていくことが大切だと思います。

一方で、中には「親や親族に、生活保護を受給することを知られたくない」という人もいるでしょう。確かに生活保護の制度には「扶養照会」というものがあり、受給者を扶養できる人が本当にいないかを確認することが原則となっています。

ただ、この「扶養照会」は実は例外が広く、生活保護法が改正を重ねる中で現在では次のような運用になっています。（以下「平成25年度全国厚生労働関係部局長会議〈厚生分科会〉資料」より引用）

扶養の照会は現在でも行っているが、この通知および報告徴収の対象となり得るのは、福祉事務所が家庭裁判所の審判等を経た費用徴収を行うこととなる蓋然《がいぜん》

性が高いと判断するなど、明らかに扶養が可能と思われるにもかかわらず扶養を履行していないと認められる場合に限る。

つまり、**扶養できるかの調査自体は行っているものの、明らかな場合を除けばそのことを扶養するべき人（親など）に伝えることはしていない、**ということです。したがって、親や親族の目をほとんど気にすることなく、まして知られることなく生活保護を受給することができます。

繰り返しますが、生活保護の受給は恥ずかしいことではありませんし、怖いものでもありません。あくまでも社会の仕組みのひとつです。

前章から引き続き私たちが主張したいのは

「**経済的に苦しければ生活保護があり、実際に制度を利用しながら立派に子育てを行っている人がいる。精神的な問題も含めてすべてにおいて子育てが厳しくなってしまったとしても、養子縁組という選択肢がある。**何よりも優先されるべき大事なものは子どもに注ぐ無限の愛情と、心から子どもの幸せを願う気持ちに他ならない」

ということなのです。

養子縁組には撤回するケースも

この章のストーリーでとりあげた女性は、生まれてくる子どもに障害があると分かり、再婚予定の男性の猛反対にあいました。さらには既に2人の子どもがおり、自分の両親も他界しているため、子育てはどうにも厳しそうであると判断し、一度は養子縁組を決めました。しかし、生まれてきた子どもを見た瞬間に想像もしなかったほどの愛情が湧き、生活保護を受けながら自分の手で育てることを決断したのです。

実はこの例のように、養子縁組が成立する直前に「やはりどうしても自分で育てたい」と考えなおす事例は珍しくありません。

かつて私たちのNPOを訪れた方で、やはり妊娠した直後に男性が姿を消してしまった方がいました。第2章でもお伝えしたように、相談の中で非常に多いケースのひとつです。

その後、面談を経て経済的な事情もあったため特別養子縁組に出す決断をされました。ですが病院へ通院するなかで、胎内のエコー写真を見ているうちに考えが変わり、最終的にご自身で育てる決断をされました。

そういった決断はとても喜ばしく、尊重されるべきことだと私たちは考えています。たとえ経済的に苦しい状況であっても、家庭があり、家族がいて、親から限りない愛情を注がれて育つ子どもが幸せでないはずがありません。

一方で、経済的・精神的な問題やその他さまざまな事情から、やはり育てていくことが難しい場合には、特別養子縁組という選択肢があります。「愛情が足りない」ということではなく、むしろ子どもを愛するがゆえに「自分で育てるのはあまりにも厳しい、ともすれば虐待を加えてしまう可能性がある」と考え、子どもの幸福のためにも養子に出す方が良いと判断せざるを得ない状況もあります。

そうした選択肢を踏まえた上で、子どもの幸せを改めて時間をかけて問い直し、その後を決めた場合には「選んだ覚悟」が生じます。「こうするしかなかった」という受身の立場と、「いくつかの選択肢がある中で、子どものことを考えて自分で選んだ」という能動的な立場とでは、覚悟に相当な差が生じるのです。

［第4章］

不妊を経験した養親希望者

ストーリー3
杉田万里絵（42歳）
バリキャリ女性
自分で言うのも何ですが私は子どもの頃から勉強はできる方で
都内の有名私大を卒業後上場企業に就職
同期の男性たちを追い越し37歳で部長に昇進しました
「努力で得られないものなんてこの世にはない」
…これはそんな信念を持っていた私が人生で初めて味わった挫折の物語です
挫折
私が過去におつき合いした男性は２人——
1人は大学時代の先輩でしたが私が入社した会社がたまたま彼の会社の親会社だったことで関係にヒビが…
えっ!!
○×商事内定出たの!?

彼の私に対する卑屈な態度が日に日にひどくなってきて
いやぁスゴいスゴい！ やっぱ大企業は違うね～
お互いのためによくないと思い別れました
……
もう1人は社内の同期の男性
彼とは何かと気が合い9年間も続きました
俺も仕事大好き!!
けれど私が先に部長に出世して以来何となくぎくしゃくしてしまい…
結局お前ってさ
人間を勝ち負けでしか見れないんだよ
些細なケンカが修復できず別れてしまいました
彼とは妊娠したら結婚という気持ちだったので避妊はほとんどしていませんでした
彼は不妊の原因は私の側にあると考えていたようで…
今から思えば、将来子どもが持てないことを心配していたのかもしれません

そんなこんなで
男運にはイマイチ
恵まれないものの
仕事は順調で楽しく
今はとにかく
仕事、仕事！
そのうち私にも
ふさわしい相手が
現れるさ！
私はまったく
結婚を焦っては
いませんでした
子どものことも
「45歳で出産」なんて例を
テレビで見ていたので
のんきそのもの…
女優の○○さんが
45歳でおめでた!!
高齢出産も
ずいぶん普通に
なったよね～
私もまだまだ
大丈夫だな！
そうだ！
高齢の子育てで
大変な分は
ベビーシッターを
雇おうっと♪
…なんてことを
先回りして
想像したりして
そして
縁あってついに
39歳でゴールイン
夫とは
「これから不妊治療を
がんばろう」という
意思を共有しての
結婚でした

ところが
不妊治療クリニックで
思いがけないことを
医師に言われました
39歳から
不妊治療を
始めても
成功率はかなり
低いですよ
恥ずかしながら私は
「高齢になると卵子が古くなる」
ということさえ知りませんでした
卵子は生まれながらに
おなかの中に持って
生まれてくるもの
20歳の女性の卵子は20歳
39歳の女性の卵子は39歳
なんですよ
保健の授業で
そんなこと
教わったっけ!?
生理の血みたいに
毎月作られるん
じゃないの!?
勉強は得意だと
思っていただけに
こんなに大切なことを
理解していなかった
自分がショックでした
ズーン…
そんなこと
全然
知らなかった!!

私はもっと早い段階から
もっと焦らなければ
いけなかったし
もっと
もっと
もっと
もっと
子どもが欲しいなら
もっともっと真剣に
人生設計をしなくては
いけなかったんです
追い討ちをかけるように
医師は言いました
不妊治療には
高額な費用がかかるし
通院の時間的な負担も
大変なものですよ
その後42歳になるまで
3年間夫婦で
がんばりましたが…
残念だけど
あきらめよう
そうね
仕方ない
わね…
このまま治療を続けると
150万円前後の費用がかかり
お互いに負担が大き過ぎて
夫婦の間まで
おかしくなってしまうと
危惧したからです
夫婦で相談した結果
せめて
養子でも…
──との結論に達し
児童相談所へ
行ってみることに

養子を希望される
ご夫婦は
たくさんいますし
そもそも
もっと若い方が
優先ですよ
つっ…
冷たい!!
もうちょっと
親身になって
くれても…
八方ふさがりに
なっていたところで
ネットで存在を
知ったのが
特別養子縁組を
あっせんする
民間ＮＰＯ
お二人の年齢は
ネックには
なりません
むしろ高学歴、
高収入がメリットに
なる場合もあります
そうなん
ですか!?
ここは期待
できるかも…
養子を迎えるのは
簡単ではないかも
しれませんが
期待して待ちたいと
思います

「不妊」は意外に多いという事実

第1章で紹介したように、養子をもらって里親になることを望んでいる夫婦は大勢います。しかしその多くは縁組がなかなか実現せず、いわゆる「待機里親」と呼ばれる状態にある、というのが今日の状況です。

そして、そのような夫婦のほとんどが、実は「不妊」に悩んだ経験を持っています。

意外に思われるかもしれませんが、「不妊」に悩む夫婦は、日本においてもそれほど珍しいものではありません。「避妊」の重要性については日常の中でも耳にする機会が多いと思いますが、対照的に「不妊」についてはあまり知られていません。

不妊という現象は耳にしたことがあっても、「あれほど避妊避妊と言われているくらいなのだから、不妊に悩む人は少ないのだろう」という認識でいる人が多いのではないかと思います。

確かに人には話しづらいテーマですから、身近で話題になる機会が少ないこともうなずけます。しかし実際には、厚生労働省が平成27年に行った調査（第15回出生動向基本調査）

【子どもの有無・妻の年齢別にみた、不妊についての心配と治療経験：第15回調査（2015年）】

子どもの有無・妻の年齢		総数	不妊の心配・治療経験							
			（不妊を）心配したことはない	心配したことがある	現在、心配している	医療機関にかかったことはない	検査や治療を受けたことがある	現在、受けている	不詳	不詳
総数	20～29歳	472	63.8(%)	29.9	9.1	17.8	11.9	3.6	0.2	6.4
	30～39歳	2,023	55.4	38.5	8.9	19.5	18.6	3.1	0.4	6.1
	40～49歳	2,835	59.2	33.4	1.9	13.9	19	0.6	0.4	7.4
	総数	5,334	58.2	35	5.2	16.4	18.2	1.8	0.4	6.8
子どものいない夫婦	20～29歳	146	48.6	45.2	21.9	26.7	17.8	8.9	0.7	6.2
	30～39歳	259	31.7	64.1	42.5	29.7	32.8	15.8	1.5	4.2
	40～49歳	293	39.6	52.2	14	22.9	29.4	3.4	0	8.2
	総数	698	38.5	55.2	26.2	26.2	28.2	9.2	0.7	6.3
子ども1人の夫婦	20～29歳	189	70.4	25.4	5.8	15.9	9.5	2.1	0	4.2
	30～39歳	573	45.4	49.2	10.3	24.1	24.8	3.3	0.3	5.4
	40～49歳	565	45	48.3	1.9	15.8	31.9	1.1	0.7	6.7
	総数	1,331	48.8	45.4	6.2	19.3	25.6	2.3	0.5	5.9

注：対象は初婚どうしの夫婦。妻２０歳未満の夫婦（４組）については掲載を省略。ただし、総数にはこれを含む。

によると、不妊の検査や治療を受けたことがある人の割合は18・2％にもなり、さらに年々増加傾向にあります。5～6人に1人が何らかの形で不妊に悩まされているわけです。

想像以上に多くの人が不妊に悩まされる理由には、昨今の晩婚化の傾向があるでしょうし、妊娠に関する知識不足もあるかもしれません。

また「不妊症」は、男女どちらにもそれぞれ起こり得る症状です。あまり関心がなかった人も、性別にかかわらず自分もかかわる可能性がある問題として捉えるべきでしょう。

自ら味わった「待機里親」の無念

私はこれまで、NPO団体を立ち上げ、養子縁組のあっせんに取り組んできました。そこには「小さな子どもを守り、より安心して育っていける新しい生活につなげていきたい」という思いがありましたが、その原動力になったのは私自身の経験でした。

私もかつて「不妊」に苦しみ、その結果養子を望み、児童相談所や民間のあっせん団体を巡っていました。

児童相談所には一年間で7、8回通いました。平日の仕事の時間帯を妻とともにやり繰りして通うのは大変でしたが、この章のストーリーで紹介した夫婦と同じく当初は「何とかなるだろう」と楽観的な心持ちでいました。「世の中には恵まれない子どもたちがたくさんいる。そんな子どもの親になりたいと決意したのだから、自分たちは児童相談所にとっても喜ばれるはずだ」と、勝手に思い込んでいたからです。

ところが、現実は正反対でした。

「あなた方のように子どもを望んでいる方は大勢います。1人の赤ちゃんに対して何百人という方が順番待ちをしているんです。養子縁組の里親を希望しても実現はなかなか難しいので、養育里親になられてはいかがですか？　それにはまず児童相談所の養育里親研修を受けて下さいね」

というのが、児童相談所の職員の反応だったのです。

児童相談所に薦められた「養育里親」は、あくまで一時的に子どもを預かる制度です。国からの手当などはありますが、「本当の親子」として認められるわけではありません。

私が望んでいたのは、子どもとの恒久的な親子関係以外のなにものでもありませんでした。

それでも職員の方の言葉通りに養育里親研修を受けましたが、結局宣告されたのは、初めの頃にも聞いた「特別養子縁組を希望するご夫婦は大勢います。そう簡単には順番は回ってこないですよ」という言葉だったのです。

養子を望んで児童相談所に来るのは、私と同じように「不妊治療を行ったものの、思うような結果を得られなかった」という人がほとんどです。

不妊治療がどれほど大変か、報道などで聞いたことがある方も多いでしょう。多額の費用がかかり、長期にわたって夫婦ともにスケジュールを調整し続ける必要があります。大変な努力にもかかわらず思うような結果に結びつかず、心身ともに疲弊し、それでも子どもが欲しいと最後のエネルギーで特別養子縁組を望んだ結果がこれでは、あまりに辛い。

その上、人生の時間は有限です。**不妊治療に時間をかければかけるほど自分たちの年齢は上がります。**その上でさらに養子縁組の成立を待つとすると、時間はほとんど残されていません。

もちろん特別養子縁組は子どもの福祉のための制度であり、このような夫婦の事情が最優先されるべきものではありません。

しかし、託される子どもの福祉は、育てる夫婦の間の強い愛と絆があってこそです。それなら「子どもを育てたい」という一心で大変な努力を重ねてきた方々が、かけがえのない親子関係を結び温かい家庭を築く機会をできる限り増やしていけるよう、彼らを最大限尊重していくべきではないでしょうか。

自分たちが当事者でしたから、これが難しい問題であることはもちろん承知していました。しかし難しい問題だからこそ真剣に考えたい、という想いで私は自らあっせん団体を設立したのです。

子どもを育てるためには強い愛情はもちろん、両親の生活力が欠かせません。ですから私たちのNPOではマッチングに万全を期するために、縁組希望の夫婦に対しては面談などを通して学歴・年収などに加え、不測の事態が起きた際に助けてくれる友人、親族の有無などのより踏み込んだプライベートな情報も確認してきました。

そうして生活力をあらゆる方面から把握した上で、慎重にマッチングを行うことが子どもにとって最善だと考えたからです。

日本では養子を出す人は貴重な存在

「社会的養護」が必要とされる子どもの現状についておさらいしましょう。

いわゆる「恵まれていない」とされる、「社会的養護」が必要とされる子どもはたくさんいて、そのうちの7割程度が乳児院や児童養護施設などに入所しています。そして日本では養子という選択はまだまだマイナーであり、それが世界的にみても低い割合である、ということを、これまでの章でお話ししてきました。

そしてこの章では、養子を望む夫婦が国内にたくさんいる現状について紹介しました。

日本では、平成28年の児童福祉法の改正により、原則、子どもは家庭での養育が推進されることになりました。それに伴い日本財団が行った調査によれば「潜在的な里親候補者」つまり里親を希望し、機会や制度が整えば養子を取りたいと考える家庭が約１００万世帯もいると推定されています。

しかしそれにもかかわらず特別養子縁組の成立件数は、同じく平成28年で４９５人と、子どもの人数、里親希望者の人数に対して圧倒的に足りていません。

多くの希望者が「待機里親」の状況に置かれ、さらにこれだけの潜在的な里親候補者が存在するのですから、これは受け入れ側の不足ではありません。むしろ大きな障害になっているのは**「養子に出すと決断する実親が極めて少ない」**という事実です。

実親の「育てたい」という意思はもちろん優先されるべきです。しかし、虐待やネグレクトなどが社会問題となっている状況からは、すべての実親が育て続ける意思を持っているわけではないと想定できます。しかし依然として、社会的養護が必要な子どもの大勢が施設へ入所している現状は、「特別養子縁組」という制度の認知がまだまだ不十分であること、そして実親の親権が強すぎることに由来すると考えられます。

法的な部分では追い風が吹いている

親権に関しては、大きく分けてふたつの障壁があります。ひとつは「法律上の親権の強さ」、そしてもうひとつは「子どもは実親が育てるべきだ」という本人および社会の認識です。

法律上の親権の強さに関しては、すでに国も見直しを始めました。

今年の6月に、特別養子縁組が可能な年齢の上限引き上げと、縁組への実親の同意撤回を制限した改正民法が成立しました。

昭和62年の民法改正により制定された特別養子縁組の制度では、「縁組が可能な年齢の上限は原則満6歳まで」とされていました。それが今回の見直しでは14歳に引き上げられることが決まりました。

これまでは、たとえば実親が行方不明になっていたり、養子に出すことを決心するのに時間を要したなどの理由で、ある程度の期間を経た後に養子縁組が決まっても、その時6歳を越えてしまっていて縁組できないことがありましたが、現在の検討内容が実現したことによりこのような事例は減っていくと考えられます。

また現行の法律では、養子縁組を希望してから決定までに大変な時間がかかります。まず6カ月間の試験養育期間が設けられ、その間に里親を希望する夫婦の適格性や、子どもとの相性などが診断されることになっています。ここで問題ないと判断された後に家庭裁判所に申し立てを行うのですが、今度はこの審判が下るまで最短で約2カ月かかります。そして、この8カ月以上の期間、**実親はいつでも縁組の意思を撤回できるのです。**

8カ月間愛情をそそいで一生懸命育てた末に縁組不可とされた里親希望者のショックは大きいでしょうし、幼くして当事者になる子どもにとっても良い影響はないでしょう。

それが今回の法改正にあたっては、家庭裁判所の手続きを2段階に分けることが決定しています。**1段階目は、「実親が育てることができるかどうかを判断する段階」**として、児童相談所長が申し立てを行えるようになり、さらに実親は同意してから2週間が経過した後は撤回できないことになります。そして**2段階目は「養親の適格性だけを対象にして判断を行う段階」**になり、ここでは実親は関与しないことになりました。

ちなみに他の先進諸国では、養育を開始した養親の権利がもっと保障されており、実親といえども、養子縁組を前提にいったん子どもを預けた以上は簡単に撤回できない仕組みになっています。それと比較するとこれまで日本では、実親の権利が必要以上に強かったことがおわかりいただけると思います。

特別養子縁組の国内での成立件数は長期的に見れば増加の傾向にありますが、まだまだ多くはありません。

その中で見逃せないのは、縁組の話が進みながらも断念したケースが年間数十件存在していることです。ですから今回の法改正は、「話を進めている途中で子どもの年齢が6歳を超えてしまった」「話を進めている途中で実親が意思を翻した」などの理由でこれまでなら縁組不成立となっていた状況に対して、有効に働くと期待されます。

実親が安心して養子を送り出せる環境を

法律上の問題には希望が見えてきました。しかし、制度がいくら整えられても、同時に認識や価値観が変化していかなければ、根本的な解決に向かいません。養子縁組に出すかどうかを決めるものは、最終的には実親の意思だからです。

そのためには、直接関わる実親や養親の考え方だけでなく、社会全体が共有している認識や価値観が、少しずつでも変わっていく必要があります。意思決定の際には「社会の目」も大きく影響する要素になり得るからです。

第1章でも触れましたが、血縁はとても大切です。事実、人間は血縁によって家を守り、子孫を残し、歴史をつくってきたのであり、それはこれからも変わらないでしょう。

それを前提とした上で、私たちが主張したいのは**「親子関係では、必ずしも血がつながっている必要はない」**ということです。血縁を否定したいわけでもなければ、もちろん血縁でない関係こそが正しいと言いたいわけでもありません。

自分のDNAを受け継いだ子どもに価値があることは歴史を考えても当然です。しかしそうでない親子関係があったとしても、「それには価値がない」とは誰にも言えないと思うのです。むしろ両者に優劣なんかなく、どちらも同じだけ尊い。なぜならいずれの親子の場合も、お互いに愛し合い、人生の幸せなひと時を一緒に過ごすかけがえのない存在であることに変わりはないからです。

養子に出す決断にあたり実親の感情が極めて複雑で、辛いものであることは理解できます。しかし、**血のつながった親にしかできない決断**があるのです。自分の子どもだからこそ、その将来を考えて養子に出す。その選択には勇気を伴いますし、同時に愛情が無くてはできないものだとも思います。

何度も繰り返しますが、私は「一様に特別養子縁組の成立件数を増やそう」とか、「とにかく養子に出してほしい」といったことを主張するつもりは全くありません。

施設への入所が多くを占めるのが現状です。子どもを育てていくことが、精神的、経済的に厳しいかもしれないと考えた際、追い詰められる前の選択肢のひとつになるように。その想いだけです。

このような状況に置かれ迷っている人に、立ち止まって考えてほしいのです。安心して育っていける環境を整えて、子どもを待っている人がたくさんいます。彼らなら必ずや大切に守ってくれるはずです。

多くのＮＰＯに補助金が回らない現状

ここで金銭面での問題にも言及しておきたいと思います。

私が立ち上げたＮＰＯをはじめ、他にも国内には養子縁組のあっせんを目的としたいくつかのＮＰＯがありますが、いずれの団体にも現状では十分な補助金が回ってきていません。

少子化は社会全体、そしてこの国の将来を左右する大きな問題です。それを考えれば、養子縁組を支援するＮＰＯへの補助金を拡大させていくことは急務といえるでしょう。

ＮＰＯは、運営者自身が自費を投じて運営することになります。そのため、規模の拡大に限度があります。組織の規模が小さければ、拠点から離れた場所へ相談に向かうための時間・費用の捻出が難しい上、限られた人員ではできることに限界があります。

子育てへの不安を抱えた親が物理的にも精神的にも相談できる状態をつくり、法改正による「子どもを家庭で育てる」という原則を実現していくためにも、民間と国が一丸となって取り組んでいく必要があります。

今後の展開に期待できる情報として、新たに成立する特別養子縁組あっせん法の議論においては、財政上の措置についても前向きに検討されているようです。なお、同法の概要は本書の末尾に掲載しています。

〔第5章〕

単親育児に悩む実父

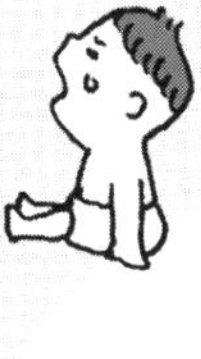

ストーリー4
上野昇太(40歳)
シングルファーザー
私は31歳のときに
5歳年下の妻と結婚
その後
男の子にも
恵まれました
自分としては
順調な人生を送っていた
つもりだったんです
ところが、息子が
3歳になったころから
妻の言動が少しずつ
おかしくなってきました
もともと神経質な
たちだったのですが
私が仕事で
出張が多かった
こともあり
孤独感を募らせ
精神を病んで
しまったのです
それからはまさに
混迷と疲弊の日々
病院、薬、
カウンセリング
民間療法まで
試しましたが
妻の状態は
悪くなるばかり…

妻の発症から3年私は仕事をしながら不安定な妻に代わって家事、息子の世話と振り回されっぱなし
心身ともに疲れ切りました
苦渋の選択でしたが子どもの将来のためにもその方がよいと判断し
離婚届
離婚届
息子が小学校へ上がるのを機に妻と**離婚**したんです
妻の病状がひどかったことと私の両親が同居して育児に協力する環境を整えてくれたおかげで
離婚に際しては子どもの親権を取ることができました
もちろん妻への負い目はありましたが
これからは息子との穏やかな生活が送れることに私は正直ほっとしました

ところが、実家での新生活が始まって半年とたたないうちに明るく元気だった母が交通事故に遭い**要介護状態**となってしまったのです
私は40歳にもなっていかに自分が母親を頼っていたかを思い知りました
一家の生活はすっかり暗転
育児を手伝ってもらうどころか私と父が交代で母の介護をしなくてはならなくなりました
私が離婚するかどうかで悩んでいた時は大きなことを言っていた父ですが
あんな嫁は早いとこ見限った方がいい
心配するな孫や生活のことは万事協力してやる
もともと家事能力はほとんどなく**家族の食事の準備はすべて私の役目**に…

父が言うには
「自分は孫と
将棋を指しながら
留守番でもしていれば
いいんだろう」
くらいの気持ちだった
そうなのです
まぁその言葉に
逃げ込んだ私も
甘かったのですが…
まさか勤めに行きながら
3食作る時間はないので
家事代行業者や
弁当の宅配
ネットスーパーなど
思いつく限りの
サービスを利用して
何とか日々の生活を
回している
ありさまです
家事代行
ネットスーパー
何のことはない
病人が妻から母に
代わっただけで
仕事と家事と
家族の世話に
忙殺される毎日が
戻ってきました

おまけに息子は結構難しい年ごろで
右往左往する私を冷ややかな目で見つめるんです
まるでこう言わんばかりに…
お母さんを見捨てたからバチが当たったんだよ
ビクッ!!
……!!
そんな息子に思わず理性を失い手を上げてしまいそうな自分を発見して
恐怖に襲われることがあることも告白しておきます
息子のためによかれと思い断腸の思いで妻を切り捨てた
その選択が間違っていたというのでしょうか?

息子が成長して
いつか親も一人の
弱い人間であることを
理解してくれるときが
来ると信じたい…
しかし今は
そんな甘えたことは
言っていられません
息子を守れるのは
この世に私しか
いないのです
この混乱の時期を
何とか乗り切らねばと
歯を食いしばって
耐える毎日です
父１人で
母の面倒を見ることの
大変さを考えれば
自分が帰ってきただけ
マシだったかも
最近は
そういう風に
考えるように
しています
…じゃなきゃ
やってられません
こんな私たち一家にも
いつか平穏な日々が訪れ
息子が健やかに
成長していってくれる
ことだけが
今の私の願いです

国内の単親世帯の現状

このストーリーが伝えるのは、離婚や死別などの理由で父親か母親のどちらかしかいない家庭、いわゆる「単親世帯」の現状です。単親世帯は仕事と家事、育児による負荷で親がバランスを崩してしまうケースが多く、子どもが社会的養護を必要とする状態に陥る原因のひとつになっています。

またストーリーでも描かれているように、現代ではさらに両親の介護に直面してしまう場合も少なくありません。経済力のある父親が親権を取った場合でも、残業時間の調整や子どもの送り迎えなどに追われ、多忙な日々が続きます。このようにさまざまな要因が重なり合って、単親育児には大きなリスクが伴います。

厚生労働省が平成28年に発表したデータ（全国ひとり親世帯等調査結果の概要）によれば、単親世帯の約87％を母子世帯が占め、残りが父子世帯という比率になっています。単親世帯総数で見ると、前回の調査からは減っているものの約１４０万世帯にものぼります。

【母子世帯と父子世帯の状況】

	母子世帯	父子世帯
1. 世帯数(推定値)	123.2万世帯 (123.8万世帯)	18.7万世帯 (22.3万世帯)
2. ひとり親世帯になった理由	離婚 79.5% (80.8%) 死別 8.0% (7.5%)	離婚 75.6% (74.3%) 死別 19.0% (16.8%)
3. 就業状況	81.8%(80.6%)	85.4%(91.3%)
就業者のうち正規の職員・従業員	44.2%(39.4%)	68.2%(67.2%)
就業者のうち自営業	3.4%(2.6%)	18.2%(15.6%)
就業者のうちパート・アルバイト等	43.8%(47.4%)	6.4%(8.0%)
4. 平均年間収入［母又は父自身の収入］	243万円(223万円)	420万円(380万円)
5. 平均年間就労収入［母又は父自身の就労収入］	200万円(181万円)	398万円(360万円)
6. 平均年間収入［同居親族を含む世帯全員の収入］	348万円(291万円)	573万円(455万円)

※（　　　）内の値は、前回（平成２３年度）調査結果を表している。
※「平均年間収入」及び「平均年間就労収入」は、平成27年の1年間の収入。
※集計結果の構成割合については、原則として、「不詳」となる回答（無記入や誤記入等）がある場合は、分母となる総数に不詳数を含めて算出した値（比率）を表している。

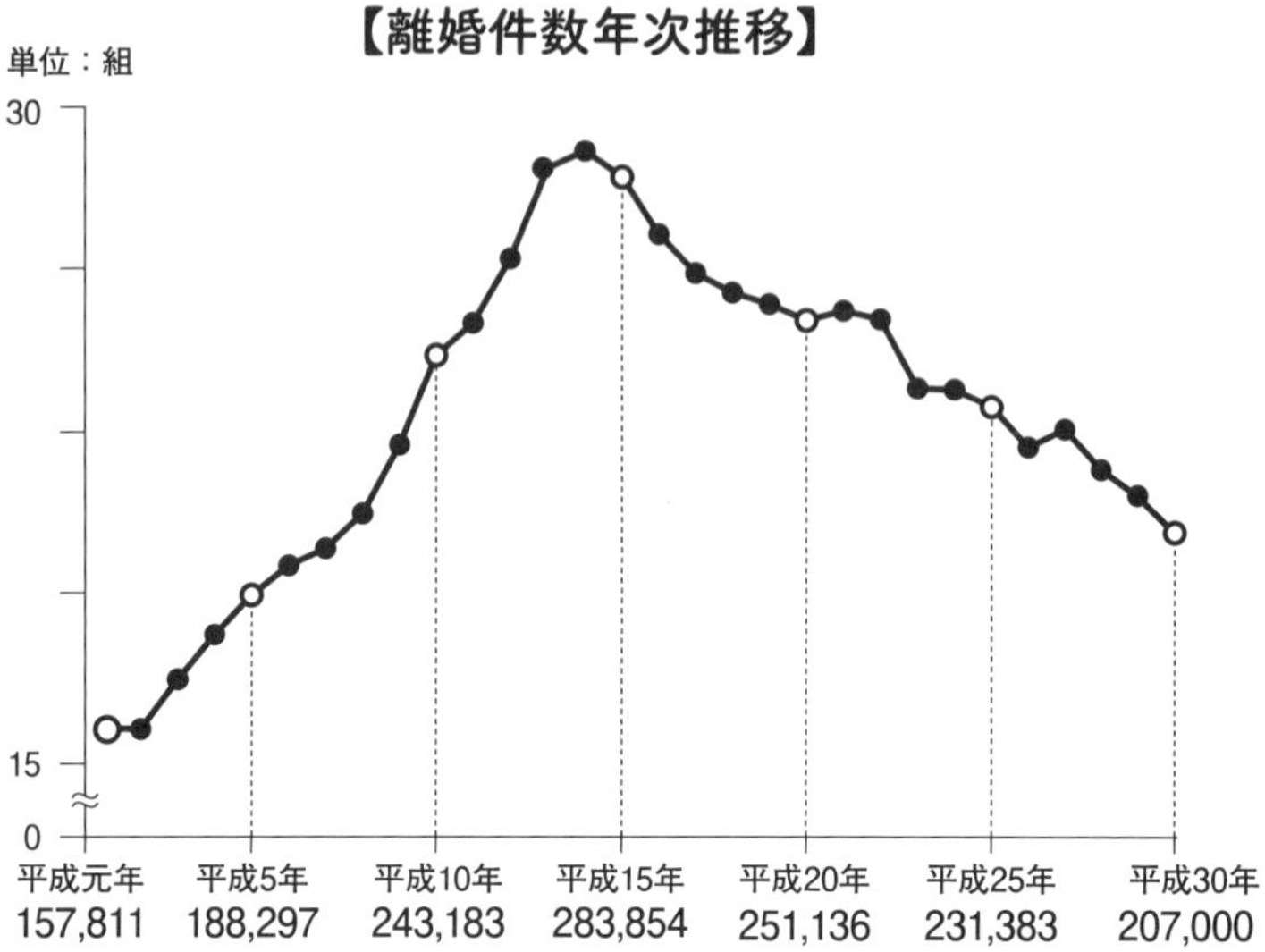

平均年間収入（母又は父自身の収入）の欄を確認すると、やはり父子世帯と母子世帯では収入に大きな差が開いており、後者にとって経済的要素が高いハードルになっていることがわかります。

理由の欄を見ると、単親世帯の80％弱が離婚によるものですが、離婚率自体は近年、徐々に下がってきており離婚件数も平成15年から減少しています。（厚生労働省「平成30年度人口動態統計の年間推計」より引用）

第2章でもお話ししましたが、離

婚することそれ自体は、良い悪いの判断ができるものではありません。誰もみな、最初からうまくいくことがわかって結婚するわけではないのです。

とはいえ子どもがいる場合は、「子育てにおける単親のリスク」についてよく考えた上で決断するべきだと思います。というのもいくつかの理由で、単親による子育ては、やはり困難な状況に陥りやすいからです。

複合的な要因で虐待が起こりやすい

まず最初に挙げられるのが、近年注目を集めている虐待の問題です。二親世帯と比べて、単親世帯は子どもに虐待を行うケースが非常に多いと言われています。実際に単親家庭では仕事と育児の両立が欠かせず、多大なストレスに見舞われます。単親で長年育児に励み、その結果として虐待に至ってしまうことは珍しくありません。

少し古いデータですが、東京都福祉保健局が平成17年に発表した調査結果（児童虐待の実態Ⅱ）によると虐待が行われた家庭の状況の中で「ひとり親家庭」が最も多いことがわかります。現代では「単親世帯」と「虐待」は、高い関連性を持った社会問題として捉えることができると思います。

ふたつ目に多い状況として「経済的困難」が続きますが、先述の離婚件数に関するデータを参照すると、1991年のバブル崩壊に伴って平成の初めからグラフが上昇しています。企業の倒産に伴う失業や賃金低下などの経済的事情が、離婚件数の増加につながりました。景気の悪化によって離婚率が上昇し、単親世帯が増えて虐待が発生するという関連性をうかがい知ることができます。

さらに、上位5つの項目について、同じ調査結果から他に併せて挙げられた上位3つの状況を確認すると「ひとり親家庭」、「経済的困難」、「親族、近隣等からの孤立」、「就労の不安定」の4種類が見られます。

上位の状況が複合的に重なることで、虐待が起こりやすくなっていることがわかります。子どもを育てていく上では、さまざまな困難に直面します。単親であれば、その苦労はなおさら大きいものです。その中でさまざまなストレスが重なり、複合的な理由で虐待が起こるケースも多いのです。

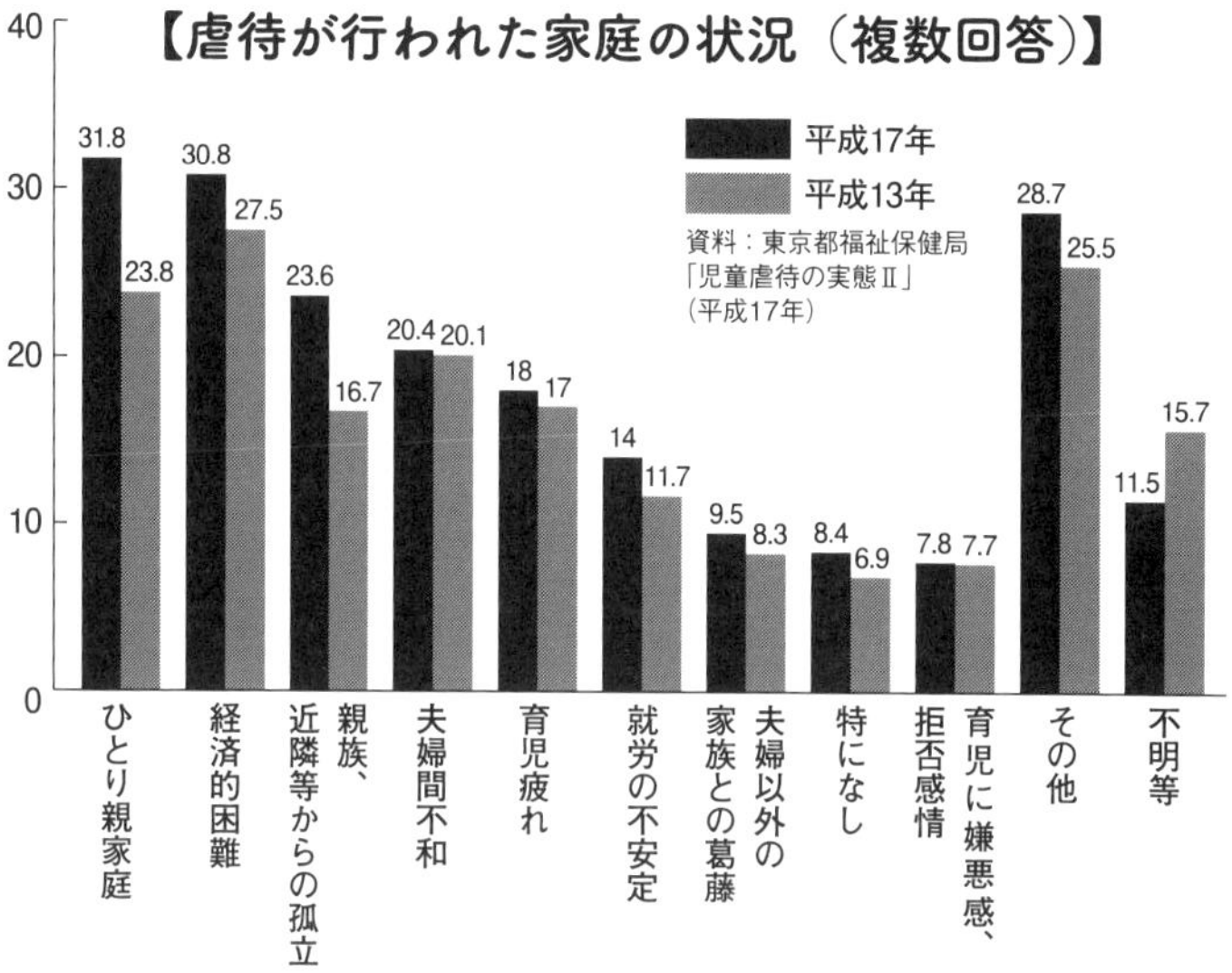

【児童虐待が行われた家庭の複合的な状況】

（平成17年）

家庭の状況			あわせて見られる他の状況上位3つ		
			1	2	3
1	ひとり親家庭	460件（31.8％）	経済的困難	孤立	就労の不安定
2	経済的困難	446件（30.8％）	ひとり親家庭	孤立	就労の不安定
3	孤立	341件（23.6％）	経済的困難	ひとり親家庭	就労の不安定
4	夫婦間不和	295件（20.4％）	経済的困難	孤立	育児疲れ
5	育児疲れ	261件（18.0％）	経済的困難	ひとり親家庭	孤立

（平成13年）

家庭の状況			あわせて見られる他の状況上位3つ		
			1	2	3
1	経済的困難	286件（27.5％）	ひとり親家庭	就労の不安定	孤立
2	ひとり親家庭	248件（23.8％）	経済的困難	孤立	育児疲れ
3	夫婦間不和	209件（20.1％）	経済的困難	孤立	育児疲れ
4	育児疲れ	177件（17.0％）	経済的困難	ひとり親家庭	孤立
5	孤立	174件（16.7％）	経済的困難	ひとり親家庭	育児疲れ

大きな病気やケガを負う可能性も

そしてよく言われるように病気やケガは、いざ自分の身に降りかかるまではなかなか備えをしにくいものです。

結婚生活がうまく行っている場合でもどちらかが事故に遭う可能性もありますし、離婚した後に自分自身が病気になる、またはケガを負ってしまう可能性もあります。

そのような事態が起こると子育てが難しくなるのはもちろん、逆に負担が増えてしまうことになり、物心両面で余裕を無くしてしまうケースも多く見られます。

そしてもうひとつ、子育てにおいて忘れてはならないことがあります。特に幼い子どもの発達においては、「父親」と「母親」のそれぞれが果たす役割が大きいということです。

詳しくは次章でお話ししますが、たとえば職員のほとんどが女性である児童養護施設では、どうしても「父親の役割」「父親の存在」を子どもたちに十分に伝えきれません。

単親世帯での子育てでは、このような面でのリスクも考慮に入れるべきでしょう。

［第6章］

児童養護施設で暮らす子ども

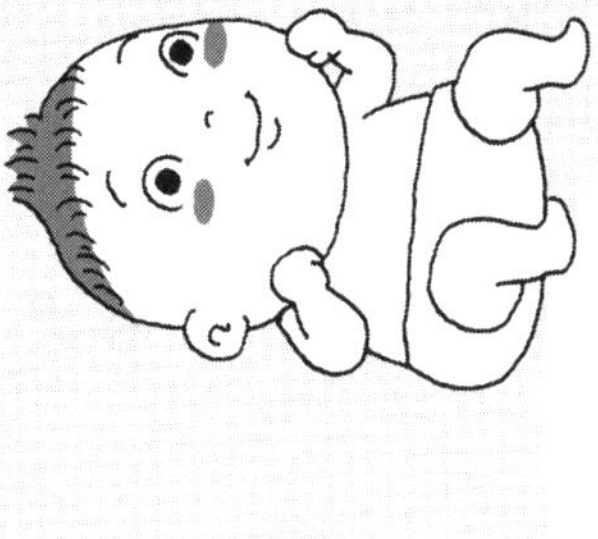

ストーリー5
ユウタ（10歳）
養護施設で暮らす子ども
僕の名前は
ユウタ
児童養護施設で
暮らしてる
自分が
生まれた家は
覚えてない
赤ちゃんの時に
乳児院ってところに
預けられて
それから少しして
ここに来たんだって
職員の先生から
聞いた
施設の食堂には
古くて大きな
木の柱があって
僕はその周りを
ぐるぐる回るのが
好きだ
ぐる
ぐる
こら！
ユウタ！
廊下を
走ってるところを
先生に見つかると
怒られる
ドタ
ドタ

小学校ではサッカー部に入ってる
前にサッカーの帰りにタカシくんの家に遊びに行った時…
ユウタくんもタカシものど乾いたでしょ?
これタカシくんのコップ?
え?誰のコップって決まってないよ
家族みんなのものだよ
ふーん…
変なの!
お皿も、手を拭くタオルも「家族みんなのもの」みたい
施設ではコップでも洋服でもおもちゃでも自分の物はぜんぶ自分専用
ユウタ
ユウタ
ユウタ
ユウタ
他の人が使うことはないんだ
お昼ごはんのカレーを食べ終わってお皿を洗おうと思って台所に持っていったら…
ユウタくん大丈夫よおばさんが洗うから♪
やっぱりタカシくんちは変だ
……
施設では自分で使った食器は自分で洗うことになってるのに…

施設では毎日朝6時半に起きる
布団を押入れにしまって先生たちと一緒に朝ごはんを食べる
学校に行くのは8時
行ってらっしゃーい
先生たちは僕たちが学校に行ってる間何やってるの？
そうだな…まずは朝食の片付けだろそれから寮全体の掃除曜日別のゴミ出し布団干しなどの雑務だね
終わったら児童相談所や福祉事務所と打ち合わせをしたり
子どもたちの生活記録を書いたり夕食の買い出しに行ったり…
やることがたくさんあるね
うん手際よくやらないと終わらない
で、ユウタたちが帰ってきたら一緒に宿題をやって夕食に就寝の準備…
毎日忙しくて1日なんかあっという間に過ぎちゃうね！

施設の子どもはみんな毎日寝る前に先生とふたりで話をする時間がある
学校であったこととか心配なこととか何でも話していいんだ
サッカーのことと飼育係のことと笛が上手に吹けたこと…
今日はいっぱい話をしよう！
だけど先生と向かい合うと
……
僕はいつもどんなふうに話したらいいかわからなくなる
施設で働いている大人たちは「親」じゃなくて「先生」なんだって僕たちは小さい頃から教えられてきた
他の子どもたちも「家族」じゃなくて「他人」―
タカシくんはお母さんにどんなふうに話をするんだろう？
僕にも「親」がいたらもっと何でも話せるのかな？

3年生のとき
市の体験学習で
「いっぱんかてい」に
泊まりに行った
ユウタくん
いらっしゃい！
自分の家だと
思って
のんびりしてね
夕ご飯のあと…
ZZZ…
!!
びっくりした
だって大人が
寝てるのを見るのは
初めてだったから
施設に帰ってから
先生にその話をした
僕、起こした方が
いいのかわかんなくて
困っちゃった
あのおじさん
病気なのかな？
だって
顔が真っ赤
だったんだよ
ははは…
きっとその人は
お酒を飲んだん
だね
お酒を飲むと
顔が赤くなって
眠くなるんだよ
先生はなんで
寝ないの？
施設は先生の
職場だからね
会社員が
会社で寝たら
変でしょう？

施設の先生たちは
ごろごろしないし
だらだらもしない
それはみんな
仕事でここにいる
からなんだって
フフ…
あのおじさんの
寝てる顔
面白かったな
前に地元の
サッカークラブが
招待してくれて
プロの試合を
見に行った
うわーっ!!
すごーい!!
すごくかっこよかった
僕も大人になったら
サッカー選手になりたい
今はまだ
あんまり
うまくない
けど…
いっぱい練習して
絶対うまくなるんだ!

児童養護施設とはどんなところか

この章では、「児童養護施設」と呼ばれる福祉施設で暮らしている子どもたちが実際にどのような生活をしていて、家庭で育つ場合とどこが違うのかをご紹介します。また、それによって生じる問題と、今後どういう方向に進んでいくべきかについても考察していきます。

児童福祉法第41条によれば、

「児童養護施設は、保護者のない児童、虐待されている児童その他環境上養護を要する児童を入所させて、これを養護し、あわせて退所した者に対する相談その他の自立のための援助を行うことを目的とする施設とする」

とされています。

入所の際には、児童相談所の所長の判断で都道府県知事が入所措置を決定する仕組みになっています。後ほど改めて紹介しますが、入所にあたっては「児童相談所の所長」の権限が大きく影響することになります。

施設は近年、児童福祉法が改正され家庭的養護が推進されていることから小規模化の傾

【大舎・中舎・小舎の現状、小規模ケアの現状】

		寮舎の形態			小規模ケアの形態		
		大舎	中舎	小舎	小規模グループケア	地域小規模児童養護施設	その他グループホーム
保有施設数（N＝561）（平成24年3月）	施設数	283	153	231	323	143	34
	%	50.4	27.3	41.2	57.6	25.5	6.1
保有施設数（N＝489）（平成20年3月）	施設数	370	95	114	212	111	55
	%	75.8	19.5	23.4	43.4	22.7	11.3

※社会的養護の施設整備状況調査、調査回答施設数561（平成24年3月1日現在）、調査回答施設数489（平成20年3月1日現在）
※「大舎」：1養育単位当たり定員数が20人以上、「中舎」：同13～19人、「小舎」：同12人以下、「小規模グループケア」：６名程度

向が進んでいます。厚生労働省が平成29年に発表した資料（社会的養護の現状について〈参考資料〉）によると、平成20年から24年にかけて大舎が減り、中舎、小舎が大きく増えており実際に家庭的な環境が重視されていることがわかります。

「児童養護施設」と聞くと、保育園や学校のような建物をイメージする人が多いのではないでしょうか。実際に、私も施設を訪れるまではそのようなイメージを持っていました。

建物に入ると、多くの場合は長い廊下に大きめの階段、図書室などの

共用スペースなど、まさしく私たちが子どもの頃に通った学校が思い出される空間が広がっています。

しかし各部屋のドアを開けると、そこには教室ではなく、フローリングのリビングやキッチン、寝室、お風呂、洗面所……すなわち「家」の世界が広がっています。アットホームな雰囲気で、子どもたちが寛いで過ごせる環境であることが、非常に印象的でした。

毎日の食事は調理師や職員の方が作り、みんなが座れるテーブルで料理を囲んで食べます。予定があって帰りが遅くなる子どももいますし、そのあたりも普通の家庭と変わりません。寝る時には、小さい子どもたちは一緒の部屋でみんなで寝ます。ある程度大きくなってからは、個室が用意されるケースが多いようです。

朝は学校に行き、授業を受けて部活に出て、帰ってくる。食事をしてからは、どのチャンネルにするか話し合いつつテレビを観たり、部屋で自分の時間を過ごしたりして、お風呂や洗濯をした後、就寝します。

そこで営まれているのは、一見すると普通の「家」とほとんど変わらないような一日です。

実質的な「親」の不在

ここまでは、児童養護施設での生活も家庭と変わらないように見えます。

しかし決定的な違いは、一緒に生活する人々の立場です。**一緒に生活する大人は自分の「親」ではなく、一緒に生活する子どもたちは「兄弟姉妹」ではありません。**

施設では多くの場合、年齢層などに応じて子どもたちをいくつかの「家」に分けます。

そしてひとつの「家」を、複数の職員で担当することになります。

職員の方も24時間３６５日「家」にいるわけではなく、子どもを見る時間を宿直などで分担します。職員の方にも、自分の家庭があります。現実問題として施設の子どもたちの親そのものではない。これだけはどうにもできません。

ひとつの家にはだいたい5人くらいの子どもが住んでいます。その中には、場合によっては血のつながった兄弟がいる場合もありますが、基本的にはみんな別々の両親のもとで生まれ、施設に預けられた子どもたちです。

私が直接お会いした職員の方が共通して大切にされていたのが、**「子どもと一対一で過ごす時間」**でした。ある職員の方は、

「毎日寝る前に30分、子どもたち一人一人と個別の時間を取り、ゆったりとその日にあったことなどを聞く時間をとるようにしている」

と話していました。

「施設を18歳で出るまでの間に、担当職員が変わることは出来るだけ避けたい。大人になって遊びに来た時にも、戻ってきた温かさを感じてもらいたいという気持ちから、出来るだけ長い年月、施設に勤めたいと思っている」

と語って下さった職員の方もいました。このように子どもたちの生活、成長を最優先に考える仕事への態度には胸を打たれます。

子どもたちが寝るまで彼らを見守り、その後も翌日のために準備をする。短い睡眠を取り、翌日も早朝から子どもたちを支え続ける。なかには施設に住み込みで職務に従事されているケースもあります。間違いなく、負担が大きい業務です。

しかしそれでも、「親」になることはできません。

第1章でも触れましたが、なかには愛着障害に陥ってしまう子どももいます。ここでの「愛着」とは私たちが普段使うものとは異なり、心理学の用語として**人間や動物同士の情緒的な結びつき**を指し示しています。そのような結びつきを親と形成することができなかった場合には、後々社会に出た時に対人関係や精神面でつらい思いを経験するケースも多くあります。彼らは、人見知りが激しくなってしまったり、新しい場所や環境になかなか適応できない傾向も強く、不登校になる例も多いそうです。

これらすべてが親の不在によるものとは言えませんが、ひとつの要因になっている可能性があります。

愛着の基盤をつくっていくことはとても難しい作業だと言われています。**幼少期に必要なものは、やはり親という不動の存在が与える安心感なのです。**

もちろん親も24時間３６５日子どもを見てあげられるわけではありませんが、「帰ってきた時にいつも同じ人が待っていてくれる」「自分にはいつもこの人がついていてくれる」という安心感は、どうしても施設では養いきれないものでしょう。

不動の存在を求めているのに、相手がどうしても動いてしまう。そういった経験を重ねると、子どもは次第に諦めていくのだそうです。求めること自体が徐々になくなることは、成長してからの自己肯定感の低さに直結します。

自分だけを見てくれる、自分の話になんでも耳を傾けてくれる、何よりも自分を愛してくれる、親という存在がどれだけ大きいものか。当たり前のように親に育てられた私も含む多くの人にとって、この不在はなかなか想像がつきにくいものだと思います。

また「親子」は、ひとつの人間関係です。**子どもは親元で成長することで、生まれてはじめての人間関係を学んでいく**のです。

子どもにとって親は、安心感を与えてくれる存在であると同時に、育つ過程で接する一人の「人間」です。一人の人間ですから当然、「オフ」の状態もありますし、時には「疲れた」と横になることもあります。悲しいこともあれば悩むこともある。子どもはそうやって、いろんな感情と共に生きている「人間の姿」を実際に目にしながら成長していくものだと思います。

その点、施設の子どもたちが接する職員の方は、常に「仕事」中です。子どもと接するときもプライベートな時間ではなく、あくまでも仕事として行動しています。常に「オン」の状態でいなければなりません。

ですからその辺りの機微は、施設ではどうしても養いづらい点だといえます。

子どもの所属が不安定になってしまう

もうひとつ大きな問題として、児童養護施設の定員上の都合や児童相談所の判断などによって、子どもの身分が不安定になってしまうことが挙げられます。本来「子どもを守る」ことを最優先に考えるべきなのに、こうした外的な要因で居場所が左右されてしまう問題があるのです。

児童養護施設のスペース・運営リソースは限られており、無限に子どもを受け入れられるわけではありません。**近年は虐待が社会的に大きな注目を集めているため問い合わせも多く、常に満室の状態が続いている施設も多い**ようです。

児童相談所内に設置された一時保護所でも二カ月間は保護することが可能ですが、養護施設の空きを待つために延長を申請するケースが後を絶ちません。

つまり、**そもそも児童養護施設が満室で、さらにその前段階である一時保護所ですら混みあっている**状況なのです。

さらに「もう少し施設で様子を見たい」というケースでも措置延長が叶わないのが実情です。

「措置延長」とは、本来18歳で終了する社会的養護を自治体の判断で最長22歳まで延長する制度です。**子どもが施設を出てから少しでも不安なく暮らしていけるように、措置延長によって十分なケアをしてあげたいと職員の側が思っても、保護が必要な子どもが入所を待っているのであればそちらを優先せざるを得ません。**

先ほどもお話ししたように、親という不動の存在がいない、施設という環境での生活を考えれば、ケアはいくら行っても十分過ぎることはありません。親元で育った私たちでさえ、学生生活を終えて社会人になる時や、初めて一人暮らしをする際には多かれ少なかれ不安を感じたはずです。ケアの大切さは想像に難くないでしょう。

そして、このように重要な施設への入所や退所については、児童相談所の所長が決定しています。

「児童相談所」とは、各都道府県にひとつ以上設置される、児童福祉に関する機関です。子どもの発育や障害、虐待などの相談を受けるとともに、子どもを一時的に保護するか否か、施設へ入所させるかなどを決めるのも重要な役割です。

ですから児童相談所の権限は現状、とても大きなものだといえます。特にその所長は、厚生労働省によって

「子どもを守る最後の砦として一時保護や親子分離といった強力な行政権限が与えられた行政機関である児童相談所の責任者」

と位置づけられており、子どもの安全のためなら親権さえ停止させることができるほどの強い権限が与えられているのです。

これほどの権限と責任を持つ児童相談所ですから、所長も職員も当然、子どもを守るために努力を重ねていることは間違いありません。

果たして、この強い権限は適切に活かされているのでしょうか？ **満員が続く児童養護施設と、実親の強すぎる親権といった外的要因、それに加えて人員不足もあり、児童相談所の本来の役割が果たされていない**という現状があります。子どもの所属の不安定さは、こうした状況も一因となっています。

このような背景もあって、児童養護施設に現状以上の役割を求めることは非常に難しくなっています。

さらに児童福祉法の改正により、施設への入所などの「社会的養護」が中心だったこれまでの方策が改められ、国としても「家庭的養育」を推進していく指針が定まりました。未就学児の施設への入所は原則停止し、特別養子縁組などの機会を増やすことで「家庭的養育」の拡大を目指すことになったのです。

この機に、児童養護施設と児童相談所の今後のあるべき姿を、国と私たち民間が一体となって考えていくべきだと私は思っています。

［第7章］

養子縁組
NPOスタッフの日常

ストーリー6
村内祐樹（36歳）
養子縁組NPOスタッフ
ユカ おりこうにしてるんだよ
先生 娘をよろしくお願いします
パパ 行ってらっしゃい
8時か… 待ち合わせ場所まで電車で2時間…
よし、行くか 今日は忙しいぞぉ〜
○×ようちえん
今朝起きたらエリカさんからLINEが入っていた
どうやら緊急らしい
7/10(金)
直接会って相談したいです。
村内の所属する「NPO法人全国おやこ福祉支援センター」が運営するスマホアプリ「妊娠SOS」に、エリカさんが初めて連絡してきたのが1週間前のこと――
実際に会うのは今日が初めてだ
エリカさんは妊娠18週目
…にもかかわらず一度も妊婦健診を受けたことがないという

あの…
村内…さん？
あなたが
エリカさん？
会えてよかった
信用できるか
値踏みしてるん
だな…
……
てか1時間遅刻の
詫びはないのね（笑）
別に
いいケド
…私を助けて
くれるんですか？
私たちは
救世主では
ないですが…
まずは現状を
教えてもらって
一緒に考えましょう
こくん
お役に立てることは
必ずあると思います
エリカさんの
話は始まったら
止まらなかった
赤ちゃんの父親
との出会いと
二人の生活状況
妊娠判明後の
パートナーの失踪
その間
誰にも相談できず
妊婦健診も
受けていないこと
中絶も考えたが
お金もなく
一人で困り果てて
いたこと…

これ、住所…
話せてちょっとだけ安心しました
とにかくまずは妊婦健診を受けること！約束ですよ？
はい
東京行きのぞみ126号まもなく発車します
わ！ちょっと待って！
お客さんおつりおつり！
ふーすべりこみセーフ！
次は名古屋か
本当はもう少し話を聞きたかったんだけどな…
経済的なサポートを受けて出産して
養子に出したいです
エリカさんはああ言ってたけど結論を急ぐのは禁物
またこちらから連絡を入れよう
…にしても日帰り出張多いよなぁ～
いい加減体が持たんわ…

お待ちしてました
どうぞお入り下さい
お邪魔します
あの…もしできれば
面談に息子も同席
させたいのですが…
そうか
この子が…
今回の自分のミッションは
ネットでの登録者に実際に対面し
人となりや生活についての理解を深め
よりよいマッチングに活かすことだ
谷口夫妻は
これまでに児童相談所や
他の養子縁組あっせん団体に
希望を伝えたが
子どもが欲しい
気持ちの強さでは
誰にも負けないし
幸せに育てる
自信もあるのに…
いずれも
「実子がいるから」
という理由で断られて
しまったそうだ
職種や年収などについては
登録時に答えてもらって
いるが、さらに細かい点を
質問していく
不測の事態が
起きた場合などに
有休は取りやすい
ですか？
どなたか育児を
手伝ってくれる方は
お近くにいますか？
男の子と
女の子とでは
どちらが？
養子の年齢に
ご希望は？

ありがとうございました
質問は以上です
2人目の不妊治療をあきらめて養子縁組に動き始めてからもう2年近く…
1日でも早く養子を迎えたいと願っています
確かにこの子にとっても早ければ早いほど自然に「弟」か「妹」を受け入れられるだろうな…
よそは分かりませんがうちでは実子の存在がマイナスポイントになることはありません
育児経験がおありということでむしろ安心して赤ちゃんをお任せできます
まぁ！ あなたよかったわね
うんうん！
――2人とも信頼できそうな人物だった
条件に特に問題はないし「もう一人家族がほしい」という熱意が伝わってくる
谷口
谷口夫妻は優先度の高い養親候補として本部に報告できそうだな…
タクシー!!

5時か…
延長保育の夜8時には何とか間に合いそうだけど
ユカはさぞかしご機嫌ななめだろうな…
パパ遅いよ！
エリカさんがこれから産む赤ちゃんと谷口夫妻が養子縁組を結ぶ…
そんな可能性もあるかもしれない
赤の他人同士を自分たちの裁量で結びつける――
そんな仕事に畏《おそ》れを感じることもある
だが私は自分ができること自分がよいと考えることをやるだけだ…
ピローン
養親からの成長報告か…
ふふっ
…これがあるから
家族でたのしくやってます!!
この仕事やめられないいんだよな～

NPO法人
全国おやこ福祉支援センターについて

この章ではこれまでとは趣向を変え、私がどのような理念のもとでNPOを立ち上げ、運営しているか、また一緒に活動してくれているスタッフたちがどのような想いで業務に取り組んでいるかをご紹介します。子どもの命と家族の生活に向き合う日常を感じ取っていただけたら幸いです。

第4章でも触れましたが、私が特別養子縁組のあっせん団体をつくったのは、自分自身の経験があってのことでした。

子どもを望みながらも不妊に苦しみ、さらに養子を望んでもずっと待たされてしまう。直接この経験をした私は、自分の後に続く人たちが同じような思いをしないように、そして子どもたちの幸せのためにと、強い決意でこの仕事に挑んできました。

私たちの活動は、「インターネット赤ちゃんポスト（活動休止中）」という、里親希望者と養子に出したい実親を結ぶマッチングサイトの運営から始まりました。「インターネット赤ちゃんポスト」に登録した里親希望者は、実親が登録した赤ちゃんの情報を閲覧することができます。もちろんインターネット上だけで完結するわけではなく、その後独自のスコアリングシステムや面談、家庭訪問などの末に里親を決める、という流れのマッチングシステムです。

その後「ＮＰＯ法人 全国おやこ福祉支援センター」として大阪市の認証を得た私たちは、「子どもの幸せを守ることを第一の理念とし、予期せぬ、望まぬ妊娠、又は出産前後やむを得ない事由により子どもの養育が困難な親にしかるべき支援を行い、子どもの健全な育成を図るために養子縁組制度を活用し、子どもの人権を擁護すると共に、福祉の増進を図ることを目的とする」

という理念のもとで、非営利法人として活動してきました。設立からこれまでの歩みを記します。

平成26年4月　前身の「インターネット赤ちゃんポスト」が事業開始。
平成26年5月　第二種社会福祉事業の届出。

平成27年10月　「NPO法人 全国おやこ福祉支援センター」に組織変更。

平成28年4月　「インターネット赤ちゃんポスト」の運用開始。

無料妊娠相談の受け付け開始。

「赤ちゃんマッチング支援アプリ・コウノトリ」β版リリース。

養親希望者からの相談の受け付け開始。

平成28年10月　「コウノトリ」の本格的運用開始。

平成29年10月　「NPO法人 日本おやこ福祉支援センター」として大阪市より認証取得。

平成29年11月　「日本おやこ福祉支援機構株式会社」設立。

大阪市阿倍野区に事務所移転。

事務所ビル内に「なわしろ保育園」開設。

平成30年1月　スマートフォンアプリ「妊娠SOS」運用開始。

「妊娠SOS」iPhone版運用開始。

「妊娠SOS」LINE版運用開始。

支部パートナー制度運用開始。

平成30年10月　書籍「産んでくれたら200万円　―特別養子縁組の真実―」刊行。

この約5年の月日の間に、最も意識して進めたのは業務の効率化でした。自身の経験から、「成立に極めて長い時間を要する」ことが養子縁組における大きな課題だと感じていたので、いかにやりとりを効率化できるか、工夫を重ねてきたのです。もちろん、養子縁組は小さな命とそのまわりの多くの人の人生を左右する事柄ですから、慎重を期すべきところは十分に期しての上での効率化だったことは言うまでもありません。

たとえば、相談者と身近に連絡を取れるようにするために、改善できる点が多くありました。実親からの相談は主にＬＩＮＥで受けました。日本全国に点在するスタッフ間の連絡・会議も、主としてＬＩＮＥを用いて行っていました。

また、相談者の利便性を第一に考え、窓口をできるだけ多く作りたいという考えのもと、ｉＰｈｏｎｅ版、Ａｎｄｒｏｉｄ版両方のアプリを作成・リリースしました。

国からの補助金がない以上、規模の拡大には限界がありました。そこで、その打開策として新たに「支部パートナー制」を導入しました。これは、本部に所属する支部パートナーが全国各地に点在することで、相談してくる実母への速やかな直接対応を可能にするものです。支部パートナーが現地で実親との面談を行い、本部と連携することで、実親との物理的、また心理的な距離を縮めることに大きな役割を果たしてくれました。

養子縁組団体スタッフの日常

私たちの仕事内容についてより具体的に想像していただけるよう、実在のスタッフ数名をモデルとして、ひとりの女性スタッフの物語形式にして紹介します。等身大のスタッフの姿に触れていただくことで、私たちの活動や養子縁組を取り囲む現状を身近に感じていただければ幸いです。

なお、文中の個人名はすべて仮名です。

スタッフ石倉の場合

子どもたちを寝かしつけ、自分の用事を済ませたら大分遅くなった。そろそろ眠りに就こうと思った石倉は念のため手帳を開いた。その日やり残した仕事が無いかチェックするためだ。

危ないところだった。夜中に1本の電話をする約束があったのだ。これまでずっとLINEでやり取りを続けていた妊婦と、初めて電話で話すことになっていた。早朝や深夜に入る、イレギュラーな予定には気を付けなければいけない。ようやく心を開きかけている相手との約束を、もう少しで破るところだった。

石倉が「NPO法人 全国おやこ福祉支援センター」の在宅スタッフとして働き始めて、もうすぐ2年になる。彼女は大学を卒業した後、得意の英語を活かした貿易事務の仕事をバリバリこなしていたが、結婚・出産・転居に伴って福祉の分野にシフトチェンジし、この団体を知った。

貿易事務の仕事をしていた独身の頃と比べると収入は格段に下がったが、夫の収入もあるし、2人の子どもの育児や家事との両立を考えれば、ある程度時間の自由が利くこの働き方はメリットも大きい。

何より大きいのは仕事のやりがいだ。妊婦と養親希望者からの相談に的確に応じるには知識も必要で、誰にでもできる仕事ではない。貿易事務の仕事にもやりがいはあったが、「自分が働くことが誰かの幸せにつながっている」実感は、貿易事務の比ではない。

ＮＰＯが設置している「妊娠ＳＯＳ」の相談窓口には、日々、全国から新たな相談が寄せられる。寄せられた相談にはスタッフが即座に対応し、より具体的な相談につなげる。

相談を重ねるうちに「経済的な問題なのか」「パートナーに問題があるのか」「条件が整えば産みたいのか」「中絶まで視野に入れているのか」「養子縁組も選択肢のひとつとして考えているのか」など、今回の妊娠で何が問題になっているのかが相談者と共有・整理される。

「育てるのはおろか、中絶する費用も用意できない」「産むにしても中絶するにしても仕事を休めない」「仕事を休んでしまうとたちまち困窮する」

ＳＯＳを発信してくる妊婦たちは、目の前の状況に必死で、本来取れる選択肢が見えていないことが多い。

そんな彼女たちに「経済的に困窮することなく新しい命を世に送り出し、併せてあなた自身の生活も立て直す方策について、じっくり考えてみましょう」と声をかけて、落ち着いて考えさせるのも石倉の仕事だ。

相談を重ねた結果、妊婦が中絶ではなく出産を選んだ時にはホッとする。これでおなかの中の赤ちゃんの命はひとまず助かるのだから。そうしたら次に用意しなければならないものは、生まれてくる子どもにとってより望ましい成育環境だ。

妊婦の中には、当初は中絶の一点張りだったのが、産むと決めた途端「何が何でも自分で育てる」と翻意する人もいる。ホルモンバランスの関係もあるのか、妊婦の心は揺れ動くのが常なのだ。

石倉自身が妊婦だった時もそうだった。ましてやＳＯＳを発信してくる妊婦たちのほとんどは、「予期せぬ妊娠」をしたのだから。

石倉は養子縁組のサポートをする団体に所属しているが、「養子縁組ありき」の面談は行っていない。団体は利潤を目的としない非営利組織である。目的はあくまで「生まれてくる子どもの幸せの追求」だ。周囲の協力を得て、実母が自分で子どもを育てていく可能性が見えてきた場合には、それを実現する方向でアドバイスを重ねていく。

一方で、「養子縁組が最適である」といったん妊婦とともに決めた後に妊婦本人が迷いに陥った場合は、もう一度最初から考え直してみる。最終的な意思決定を行うのは、あくまでも妊婦自身の役割だ。考える時はじっくり、そしてどっちつかずの状態で足踏みしているうちにも日に日におなかは大きくなっていくから、決断する時は素早くがポイントになる。

仕事を始めたばかりの頃は、迷いがあった。1件の養子縁組の成立は、赤ちゃん、実母、それに養親夫婦の、4人の運命を大きく変える出来事だ。それぞれの周囲に存在する人を巻き込み、多くの人の人生が一変する。それぞれの子どもをどの養親に託すかを決めるマッチングの際には、時には「神の領分」に入ってしまう気さえする。自分がそんな大きなことに関わってよいものだろうか、と。

しかし、最近は自信を持って仕事に取り組めるようになった。自分が縁組に関わった実母・子ども・養親の「その後」に触れてきたからだ。実母も養親も、縁組をあっせんした団体に感謝してくれていて、子どもも幸せそうに暮らしている。裁判所から正式な審判が下りて、縁組が認められるまでの「試験養育期間」には養親から団体にレポートや写真が送られてくる。それを見れば、彼らの幸せな生活を実感できるのだ。

「よりよい成育環境を必要としている子どもたちにふさわしい家庭を紹介し、当たり前のスタートラインに立たせてあげること」、それが自分たちにできることだ。

そして、それだけで十分に価値があることだと思えるようになった。

NPOで働き始めた当初の報酬は、規定で月額3万円だった。無資格のハーフタイム在宅スタッフはこの額と決められている。その後、保育士の資格を取得し、報酬は月額5万円に上がった。現在はフルタイムで働いているので、月額報酬は10万円だ。この金額は在宅スタッフとしてのもので、石倉の場合はこれに加えて週に数日、事務員兼養親希望者への面談スタッフとして事務所に出勤している。それらの出勤や、実母の健診への同行などには拘束時間に応じて日当が加算される。

石倉は現在、社会福祉士の資格も取得しようと、忙しい業務の合間に通信講座で学んでいる。また児童養護施設、乳児院、児童相談所などへも自発的に研修に通っている。

「勉強を重ねれば重ねるほど、自分の言葉で相談者たちへのアドバイスを伝えられるようになるんです。相談者はみんな一生懸命ですから、話をしながら、相手が信頼できる人物かどうかを見極めようとします。私も自分が持てるだけの知識と、全人格をかけてぶつかります。問題を抱えた実母と、こちらが本気で向かい合うことによって、ぎりぎりの落としどころを一緒に見つけていけるんです。この取り組みに携わった人物が誰一人として後悔しないように」
力強く語る石倉の姿からは、この仕事を通して人間的に成長した跡が見て取れるようだった。

窓口に相談してくる妊婦とのコミュニケーションは、私たちがもっとも大切にしている業務のひとつです。厚生労働省のデータ（平成28年度衛生行政報告例の概要）によると、国内では年間約16万８０００件の人工妊娠中絶が行われています。

この数年減少が続いているものの、それでもなお一日当たり約４６０人もの命が失われているのが現状です。

その瀬戸際に立つ妊婦と対峙するＮＰＯスタッフには、知識はもちろんのこと、誰からも信頼される人間性が求められます。石倉は自身の出産体験に加え、日々学習に励みながら知識を深めているため、多くの相談者から信頼されています。文中にもあるように妊婦の心は揺れ動くのが常で、そういった心中を察しながら、本人にとってのベストを模索する能力もスタッフには求められます。

【人工妊娠中絶件数の年次推移】

	平成24年度 2012	平成25年度 2013	平成26年度 2014	平成27年度 2015	平成28年度 2016
総数	196,639	186,253	181,905	176,388	168,015
20歳未満	20,659	19,359	17,854	16,113	14,666
15歳未満	400	318	303	270	220
15歳	1,076	1,005	786	633	619
16歳	2,701	2,648	2,183	1,845	1,452
17歳	4,038	3,817	3,283	2,884	2,517
18歳	5,344	4,807	4,679	4,181	3,747
19歳	7,100	6,764	6,620	6,300	6,111
20～24歳	43,269	40,268	39,851	39,430	38,561
25～29歳	40,900	37,999	36,594	35,429	33,050
30～34歳	38,362	36,757	36,621	35,884	34,256
35～39歳	36,112	34,115	33,111	31,765	30,307
40～44歳	16,133	16,477	16,558	16,368	15,782
45～49歳	1,163	1,237	1,281	1,340	1,352
50歳以上	14	22	17	18	14
不詳	27	19	18	41	27

［第8章］

児童養護施設で育った成人

ストーリー7
リコ（21歳）美容師
児童養護施設で育った成人
仕事は見ての通り 美容師です …見習いですけど
18歳まで 児童養護施設で 育ちました
施設に入ったのは 私が5歳のとき
3歳年下の 弟と一緒に 母に連れられて 児童相談所へ 駆け込みました
一時保護の後に 施設に移り、 そのままそこで 暮らすことに…
父とはそれ以来 会ってません
弟は今も 別の施設で 暮らしてます
母は…しばらくは 一緒にいたんですが 結局、父のもとへ 帰っていきました
5歳までの記憶で 一番強く残っているのは 酔って暴力を振るう 父の姿
自分と弟が いなくなった後の 母親を思うと 今でもすごく怖くなる ことがあります

施設では最初から
自分の部屋を
用意されましたが
……
食事はホールで
みんなと一緒に
食べることに
なっていました
ぼく
ユウゴ!!
わたしは
ミキ
あなたは？
同い年の二人とは
すぐに仲良くなる
ことができ
……
…リコ
そのうちに施設にも
慣れていきました
体育の成績が良かったせいか
小学校で陸上部に誘われて
そのまま中学、高校と続けました
種目は
走り高跳び
跳んでいる間は
頭をからっぽに
できるので
部活の時間は
好きでした

もうひとつ
好きだったのが
休みの日に
リエ先生と
スーパーに行くこと
施設の食事は買い物を含め
児童と職員が一緒に準備
するんです
リエ先生は料理が得意で
買い物をしながら
いつもいろいろなことを
教えてくれました
今日のカレーは
ココナツミルクを入れて
スリランカ風にしようか
パプリカは
直火で焼いて
サラダにすると
おいしいんだよ
おっ、今日は
賀茂茄子がある♪
でもちょっと
高いな〜
リエ先生って
なんでこんなに
物知りなんだろ？
スーパーへの行き帰り
並木道を二人で歩きながら
知らない国の料理や
珍しい野菜の話を聞くのが
私は何より楽しみでした

リエ先生とは高校の時一緒にライブに行ったこともあります
二人とも大好きだったミュージシャンのコンサート
施設からのお小遣いとバイトで貯めたお金でチケットを買って…
楽しかったなぁ
部活があったからバイトのシフトはあんまり入れられなかったけど
それでも携帯電話を持てるようになって…
たまに友達と好きな洋服を買いに行けるのが嬉しかったです
美容師という職業に興味を持ったのもこの頃でした
児童養護施設は18歳で出なければいけないので
その後は奨学金をもらってアパートを借り隣の市にある美容の専門学校に進学しました

一人暮らしを始めて最初の夏
授業と居酒屋のバイトで
睡眠不足が続いたせいで
立つと
めまいがして
ご飯も作れない…
体調を崩して
一週間ほど
学校を休んだことが
ありました
施設なら
すぐ隣の部屋に
ミキやユウゴが
いたのに…
一人って
心細いよぉ…
ピローン
…えーん!!
Superflyのシホちゃん、ベリーショートもめっちゃ似合う(´▽`)
リエ先生~!!
事情を話すと
すぐに家に
来てくれて…
リコちゃん
キューバ風肉じゃが
好物だったでしょ?
待っててね
食べれば
元気出るわよ!
先生…
その後は
施設が借り上げているアパートに
車で連れていってくれて
そこで数日間休むことができました

リエ先生は なぜあのタイミングで LINEをくれたのか?
もちろん偶然に 決まってるん ですけど…
その時のことを思い出すと 今でもなぜか 心強くなれるんです
美容院で働き始めて ようやく2年目を 迎えました
仕事はまだ 雑用が多いんですけど 早くカットまで 任せてもらえるように 一生懸命練習してます
施設で育ったことは まだ職場の誰にも 明かしてません
…でもいつか 話せる日が 来るような 気がするんです
そうそう ミキやユウゴも 時々お客として 来てくれるん ですよ
今度の休みは 3人で 久々に施設に 遊びに行くんです
リエ先生 元気にしてるかな?

児童一人一人が異なる事情を持つ

毎年児童養護施設には、さまざまな事情を持った児童が入所します。厚生労働省が今年発表した資料（社会的養育の推進に向けて〈参考資料〉）によると、平成29年度には４５９１人の児童が入所しています。

そのほとんどは児童本人が抱える問題ではなく、家庭環境による問題に起因しています。第５章でも触れた父母による虐待をはじめとして、ネグレクト（父母の放任怠惰）、精神障害、養育拒否などが比較的高い割合を占めています。その他にも多様な理由がありますが、それらは家庭が抱える問題のあくまでも一面であり、実に子どもの数だけ事情が存在すると言っても過言ではありません。

児童は家庭という本来は最もリラックスして過ごせる環境で、過酷な体験を経て心に傷を負っているケースがほとんどです。そのような状態で施設に暮らす他の児童との関係性を一からつくり、職員とともに新しい生活リズムを構築していかなければなりません。

【措置理由別児童数】

（単位：人、％）

区分	児童養護施設	
	児童数	割合
父母の死亡	86	1.9%
父母の行方不明	31	0.7%
父母の離婚	65	1.4%
父母の不和	40	0.9%
父母の拘禁	184	4.0%
父母の入院	162	3.5%
父母の就労	122	2.7%
父母の精神障害	407	8.9%
父母の放任怠惰	624	13.6%
父母の虐待	1,774	38.6%
棄児	7	0.2%
父母の養育拒否	173	3.8%
破産等の経済的理由	163	3.6%
児童の問題による監護困難	345	7.5%
その他	408	8.9%
計	4,591	100.0%

本人にとって施設での暮らしはどんな体験で、その後の人生にどう関わり、貢献するのでしょうか。

それを理解するために本章では、かつて施設で生活したことがあり、現在は社会に出て働いている成人男性の方に話を伺いました。その内容を中心に、施設の役割について考えたいと思います。

話を聞かせてくれた方が施設に入所することになったのは、複雑な家庭環境によって母親による養育が難しくなったためです。家庭での生活では祖父からの虐待に近い扱いがあったそうです。

アザが複数あるという理由で、学校に児童福祉司が迎えに来たことがきっかけになり、その後母親としっかり話し合い、さらに児童相談所との相談を経て、

「別の場所で暮らしながら、母親がお金を貯めて生活の基盤をつくる」

という方針が決まりました。姉もいましたがお互い別の施設に預けられることになり、家族が離れ離れになった新しい生活が始まりました。

母親は「一刻も早く生活の基盤を築いて子どもを迎えに行きたい」という思いが非常に強い方でした。親は子のことを想い、子は親のことを想い、定期的に手紙のやり取りもしていました。

そして数年を経て、無事に彼らはまた一緒に暮らせることになったのです。

職員には極めて難しいケアが求められる

施設に預けられる子どもと実親との関係性はさまざまです。

親が子どもを気にかけず、虐待やネグレクトを引き起こした場合もあれば、話を聞かせてくれた方のように「育てたい」「一緒に暮らしたい」という思いがありながらも、何らかの理由で育てていくことは厳しいと判断せざるを得ない場合もあります。

預けられた子どもの状況が一人一人異なる以上、施設職員の方はそれぞれの子どもに合わせて対応を変えていかなければなりません。

自分の子どもであれば生まれた時からずっと見ていますから、言ってしまえば「普通に」子育てをすればいいわけです。それでも小さな失敗や悩みはつきものですが、育ってきた経過を肌でわかっているため、子どもの状況に合わせて育てていくことができます。

一方で職員の方は、施設に預けられる子どもを自分が育てられたように、あるいは自分の子どもを育てるのと同じようにみるわけにはいきません。

子どもたちはそれぞれ預けられるに至った経緯が異なり、発育や精神面への影響も異なります。

自分が当たり前に感じることが、ある子にとっては全然当たり前じゃないという場面に、毎日のように遭遇するのです。

日々それぞれの子どもに合わせた対応をされていることがわかる、エピソードを紹介しましょう。

ある子どもが「ニンジンの絵を描いた」と言ってきました。ところが持ってきたのは「いちょう切りになったニンジンの絵」でした。その子どもは調理されたニンジンしか目にしたことがなく、「調理する前のニンジン」を知らなかったのです。驚いたその職員の方は、スーパーへの買い物に一緒に連れて行って教えてあげたそうです。

施設によっては学校の給食室のような調理場が併設されています。そのような施設で生活している子どもは、調理する様子を実際に見る機会がありません。最近では、自分たちが食べる食事を作る様子を見せるために、それぞれの居住スペースにダイニングキッチンを設けている施設も増えているようです。

また、たとえば虐待に遭っていた子どもへの対応として、「現住所が親にバレないこと」を最優先で考え、学校に依頼して連絡網などに一切の情報を載せないようにした、というケースも聞きました。

職員の方は基本的に、一人で複数の子どもたちを担当します。子どもたちは皆両親が異なり、育ち方もそれぞれですから、同じように接するわけにはいきません。しかも**職員の方も一日ずっとみているわけではなく当番で入れ替わるため、一人一人に合ったケアをしていくのは極めて難しい**ことなのです。

今回話を伺った、かつて施設に預けられていた方は

「施設での生活は他の人ができない貴重な経験だったと今では感じている」「友達も増えて楽しかった」と明るい顔で語ってくれました。

もちろん全員が前向きに捉えているわけでないことは重々承知しています。

しかし、置かれた状況によって普通の家庭生活が困難になり、入所に至った際の精神状態は決してプラスではなかった中で、社会人として立派に活躍されているこの方のお話を伺ううちに、そこに職員の方々の細やかな気遣いと日々の努力を感じ、私はとても嬉しい気持ちになりました。

「子どもの権利」という問題

保護されている児童は、18歳になると基本的には施設を出て大人として暮らしていくことになります。また家庭環境の改善や就職などを機に退所する児童も多く、先述の厚生労働省が今年発表した資料（社会的養育の推進に向けて〈参考資料〉）によると、平成29年度には4511人の児童が退所しています。


それを見据えて知っておきたいのが「子どもの権利」についての問題です。

日本ではそもそも2016年の児童福祉法の改正まで、子どもは**「保護の対象」**として

【平成29年度退所児童数】

解除										変更
家庭環境改善	児童の状況改善	就職	進学（大学等）	普通養子縁組	特別養子縁組	無断外出	死亡	その他	計	他の児童福祉施設等
2,408	66	1,285	425	13	6	32	2	274	4,511	790

捉えられていました。あくまでも子どもは**「親あるいはそれに準ずる存在が『保護』する存在」**とされてきたということです。

それはすなわち、子どもについては親の意向が大きく優先するということであり、ここまで指摘してきた「親権が強すぎる」という問題にも表れています。

実は日本は、過去に国連から「子どもの人権侵害」にあたる可能性を指摘されています。

海外では、養子縁組をはじめとした里親への委託がかなり進んでいることを第１章でお話ししました。

「海外ではそうかもしれないが、日本は代わりに施設などでの保護という方法を取っている。善し悪しではなく文化的な違いにすぎない」と思う方もいるかもしれません。

しかし日本は約四半世紀前、１９９４年の時点で「すべての子どもたちに家庭環境を与えるように」ということを謳《うた》った「子どもの権利条約」という国際条約に既に批准しているのです。

それにもかかわらず、日本はこれまでずっと施設などによる「社会的養護」をメインの方策としてきました。**「親の権利」を重視するあまり、「家庭環境を与えられて育つ」という「子どもの権利」が二の次になってきた**のですから、子どもの人権の侵害を指摘されても仕方ありません。

したがってこの度、だいぶ遅くなってしまったものの、子どもが「権利の主体」であるという意識の下で制度が変わることになったのは極めて正しい判断と言えます。今後この意識を、当たり前のものとして国民全体に定着させていかなければなりません。

子どもは基本的に声を上げにくいものです。自分の意思を持ち、考えを話すことができるような年齢の子であっても、有形無形の大人の圧力には大きく影響されます。まして言葉も話せない赤ちゃんは、どのように自分の意思を伝えればいいのでしょうか？

ですから、やはり私たち大人が、子どもの声を汲み取らなければなりません。子どもにとっていちばんの幸せは、自分だけを見てくれる親のもとで目一杯の愛を感じながら成長していくこと。それは誰もが同意してくれると思います。

私たちは、この「子どもの権利」をこれ以上奪ってはいけません。**大人のさまざまな事情のために、社会的養護をメインとした現状で満足していてはならない**のです。

特別養子縁組はあくまで、子どもの権利を尊重するための選択肢のひとつにすぎません。時には子どもの権利のために、施設に準ずる環境での一時的な保護がより必要な場合もあるでしょう。**あらゆる施策は子どもの権利を尊重するために臨機応変に利用してこそのものです。**二次的なものに過ぎないということを忘れてはいけません。

児童養護施設や、施設で育った方への取材を通して、私はこのような想いを強くしました。施設の子どもたちにも「家庭で親に愛されて育つ権利」があるのに、社会全体でそれをよしとしてしまっている。いや、そんな現状があることさえ大半の人は知らないのかしれません。

人権は、人間の根本に関わるもっとも重要な権利です。それが、この国の子どもに十分には保障されていない可能性があることを、あなたは知っていましたか？

〔第9章〕

子どもが健やかに育つ「第二の環境」の確立へ

子ども自身の権利のために

ここまで、産みの親や養親希望者、そして子ども本人まで、養護児童に関わるさまざまな関係者の立場から、特別養子縁組の有効性を検証してきました。

そこから共通して見えてきたものは、特に前章で言及した**「子どもの権利」**という視点の欠如です。親の場合にも、児童養護施設の場合にも「子どもを擁護する」ことを重視するあまり、**子ども自身の権利と将来の幸福を見据えた成育**という視点から離れてしまいがちになります。このような現状が、ここまでのエピソードから浮かび上がってきたのではないでしょうか。

この問題は、国、児童相談所、児童養護施設、実親、養親など児童養護に関わるすべての関係者が現状を認識し、改善を試みることによってしか解決しません。

まず始めに国が、先行する他先進国の状況を参照しながら、「子どもの権利」を意識した法改正を続けていく必要があります。その過程で、他国では一般的な特別養子縁組の制度内容や有用性が国内でもより認知され、広がっていくことが期待されます。

養護を必要とする児童に最初に接する「児童相談所」は、その機能を十全に発揮できるよう、環境の改善を継続して図る必要があります。

またこれまであっせんに尽力してきた、私たちのようなＮＰＯへの支援に力を入れる必要性が出てくるかもしれません。

一方で、これまで養護児童の成育を支えてきた「児童養護施設」は、今後も変わらず大切な軸のひとつです。たとえば第8章で紹介したように、一時的に実親と離れる必要が生じた子どもが安心して暮らせるセーフティネットとしての役割は、必要不可欠なものでしょう。

そして、施設の満室状況が続いている現状が少しでも改善し、いま暮らしている子どもたちを職員が余裕を持って指導できる環境を整えていく上で、特別養子縁組の推進は大きく貢献すると考えられます。

実親には、自治体やＮＰＯをもっと活用し、生活が窮した場合には本書でも紹介した特別養子縁組や生活保護などの選択肢を視野に入れることで、親子両方の幸せを追求していってほしいと思います。第3章に記したとおり、**特別養子縁組や生活保護という選択肢を認識し、覚悟を持って子どもとの関係を選ぶこと**が、その後の人生を支えていく大きな力になります。

そして養親の役目は、養護児童が幸福に育っていくための環境をつくることです。子どもたちには、両親という不動の存在の下で安心感を育《はぐく》み、それぞれに相応しい充実した人生を送ってほしい。ですから養親には多くが求められます。一般家庭と同様に物心両面から子どもを支えていくことはもちろん、実親ではないことを告げる、いわゆる「真実告知」など、高いハードルを背負っていることはたしかです。

その時に必要となる、実親にも負けないほどの愛情。これこそが、ひとつの「制度」でしかない特別養子縁組に血を通わせる、最後のピースなのだと私は考えています。

時代背景とともに成熟してきた海外の養子事情

ちなみに第1章でも簡単に触れた、海外の養子事情についても紹介しておきたいと思います。主に先進国では実親との関係を解消する養子縁組が日本と比べると、より一般的なものとして浸透しています。

厚生労働省が平成29年に発表した資料（里親及び特別養子縁組の現状について）によれば、人口約3億1439万人のアメリカでは11万9514人（平成24年度）の養子が成立しています。世界的に有名なハリウッド俳優の元夫婦が、複数の養子を迎えて育てているエピソードをご存知の方も多いかもしれません。アメリカの場合は1980年代にその契機が到来しました。それまでは同じ人種間での養子縁組が主流でしたが、自由主義や多文化主義の台頭とともに中国、ロシア、エチオピアなどを中心にした「国際養子」が急増します。

当時の中国では一人っ子政策が施行されており、国民が男児を好んで選んだ結果、健康な女児が多く手放されたのです。その結果としてアメリカでは、人種が異なる養親と養子の縁組が社会に広く受け入れられるようになりました。

また、1980年に政府が導入した里親養子手当によって、子どもに恵まれない夫婦や単身者が国内で養子を迎えやすくなったことも追い風となりました。

一方、人口約5608万人のイギリス（イングランドおよびウェールズのみ）では、4734人（平成23年度）の養子縁組が成立しています。背景には国による大々的な普及活動があり、テレビやラジオでのコマーシャル、ポスターの製作など日本では考えられないぐらい力を入れた宣伝が行われているのです。里親の研修や支援を行う民間機関にも国が多額の補助金を助成しており、あらゆる面から養子縁組をサポートする環境が整っています。そして日本では人口約1億2708万人に対して、成立が513人（平成26年度）という数字。先進国のなかでは、圧倒的に少ない現状が続いています。

子どもが幸せに暮らせる未来へ向けて

1980年代のアメリカと同様に、今日の日本では不妊が社会問題のひとつとして注目を集めています。考え方を変えれば、国をはじめとした当事者がそれぞれに尽力することによって、養子縁組が増える契機となり得るのです。縁組が一組でも増えることが、日本の未来にとって喜ばしいことは間違いありません。

そして同時に特別養子縁組は、子どもたちにとってスタートラインでしかありません。彼らが幸せに暮らしていくために、それを支える制度やアクションに、我々大人も当事者意識をもって取り組み続けるべきだと思います。子どもたちを守り、日本の未来も変えましょう。そのために、一緒に声を上げていきましょう。私も進み続けます。

〔附章1〕

試験養育期間中の養親からNPOへの手紙

この章では、実際に養子を迎えてともに生活を始めた夫婦から私たちのＮＰＯ事務局へ届いた報告書を2件ご紹介します。いずれも養親たちの喜びに満ちた子どもの成長記録となっています。

なお、文中の地名、個人名、クリニック等の名称はすべて仮名です。

①さくらちゃんの成長報告

２０１７年12月

先週金曜日に斎藤産婦人科医院から受け入れをし、こちらでの生活がスタートしておりました。ご担当いただく弁護士様とも、やり取りが始まっていたところです。赤ちゃんは「さくら」と名付けました。本日へその緒が取れ、全体的にふっくらしてかわいさが増しております。何枚か写真を送らせていただき、ご報告とお礼にかえさせていただきます！

２０１８年1月

今年の札幌は例年にない寒さで、雪も多いです。「子どもに厚着をさせ過ぎないで」と、普段は言っている私も、さすがに厚着をさせてしまいます(笑)。生後14日目あたりから、だいぶ全体的にふっくらとした印象になりました。このままだと太り過ぎになるのではないかと案じていたら、1月5日の1カ月健診ではカウプ指数14・2で、お医者様の表現では「まずまず」とのこと。どちらかといえば、逆にちょっとやせぎみのようです。そんな会話を聞いていたかのように翌日からミルクを飲む量も増え、まんまるぱんぱんのお顔になってきました。1カ月健診の問診では発達順調。人の声、音への反応も良く、「あーうー」と声を上げたり、抱っこしてくれる人の顔をじっと見つめていることもあります。オルゴール、ミュージックメリーなどの音の出るおもちゃが好きで、夜は天井の影絵を見て楽しんでいます。2月に実父様のご両親がいらして、お宮参りの写真を撮る予定です。実母方の祖父母とは、写真館で1カ月記念の写真を撮ってきました。来月にはでき上がる予定ですので、お見せしますね。さくらちゃんが生まれ、こちらへ来たと聞きつけて、母の友人、親戚が、毎週末、寒く雪深い母の実家までお祝いに来てくれています。一人一人と抱っこ写真を撮り、さくらちゃんが誕生したことをたくさんの人に喜んでもらいましたよ。「もう、いつ死んでもいい」とさえ言っていた祖父母は初節句にひな人形を求め、次はランドセルか、机か、自転車、成人式の晴れ着までも用意してあげたいものだと張り切っています。80歳に近い2人が「ああ、あと10年早ければ、もっとたくさん一緒に遊べたものを」と言いながらも、日々、さくらちゃんが泣いた、笑ったと言っては喜んでいます。生後40日を過ぎたあたりから夜は4時間ほど続けて眠るようになり、ミルクも1回量が140ミリリットルになりました。すくすく大きくなってくれると信じています。この子の誕生に関わって下さった方々、誕生を喜び、祝って下さっている方々に感謝の気持ちでいっぱいです。

２０１８年2月

2月2日から15日まで、父方の祖父母が来てくれました。はるばる高松から、さくらちゃんと一緒に写真を撮りたいと訪ねてくれたのです。お宮参りで神社やお寺に詣でるのは暖かくなってからにして、今回は写真のみ。ちょうど初節句とも重なったのでひな飾りとも写真を撮り、よい機会、よい記念になりました。おじい様とおばあ様がいらして下さっているときに母の乳がん健診があり、祖父母とお父さんの3人でさくらちゃんを見ていてくれ、わずか2時間でしたが、泣いたり笑ったりのさくらの今の姿を感じてもらえる時間になったようです。節分過ぎにひな人形も届き、日柄を選んで飾りつけました。母もひな壇は持っていなかったので憧れのひな飾りを飾り、毎日、さくらちゃんと眺めています。

今月もお祝いに来てくれる人がずっと続いていて、近年疎遠になっていた人からも連絡をいただくことがあり、さくらが運んでくれる縁の多さ、人のつながりを感じていたところです。2カ月健診を14日に受けてきました。1カ月健診ではやや、やせぎみと言われたのですが、今回はカウプ指数16・9で、がっちりした赤ちゃんとの表現。みんなにも、プクプクしたねと言われています。夜は21時から22時の間に寝つくとそのまま朝まで眠るようになり、まとめて6時間から8時間眠るようになりました！　驚き！　2カ月の赤ちゃんにしては長いかな？　と思い、おなか空かないかな？　と心配になるほどです。日中も2時間はご機嫌でお遊びして過ごし、小一時間寝て、目覚めて、また2時間ご機嫌で遊んで……を繰り返しています。2カ月に入ってすぐに、「これは何？　私の指？　アムアム確認……」と気付いた様子で、指なめが始まりました。最近ではげんこつをそのまま口に押し込んでしゃぶったり、両手を組むような仕草をして、「手で探索」「手で遊ぶ」を楽しんでいます！

さらには、うつ伏せから首を持ち上げて、首が何となくすわりそうな姿を見せています。身体発達の目覚ましさ、興味関心の広がりが感じられる毎日です。声をかけると、あやされたことがわかるように笑い、声を出している時に「呼んだ～？」と顔をのぞき込むと、ますます声を出して大人の関わりを引き出そうとしていたり、かわいいさくらちゃんです。

さくらちゃんをこの世に送り出してくれた、実母さま、関わる皆様に感謝して毎日を送っています。

２０１８年3月

寒さが随分緩んできましたが、それでも朝夕は暖房が欠かせない札幌です。3月はたくさんの出来事があり、さくらちゃんの成長も著しい月でした！ 初節句は、ばあばの念願だった「孫にひな人形購入！」を果たし、飾り、前日、当日含めると3回もひな祭りをしました(笑)。母方の叔母たち、父母と母方の祖父母、母の友人たちの3回戦。みんな、さくらの初節句にかこつけて、集まりたい様子です。こうした機会を設けられるのもさくらちゃんが来てくれたおかげだなとしみじみ嬉しく思います。17日は、お食い初めをしました。おばあちゃんが、家で収穫した小豆と米を使って赤飯を炊いてくれました。母はお祝い用の「祝・百日」のヘアバンドを手づくりしてくれましたが、何だか鬼気迫る作品になり、少し笑いを誘います。五寸釘を打つ鉢巻きのようなでき上がりです……。3月は、さくらちゃんを連れたお出かけが多かったです。町で出会った自分より大きいお兄ちゃん、お姉ちゃんの様子をじっと興味深そうに見つめる様子に、子どもは子どもが好きなんだなと感じます。1カ月健診のときから首がしっかりしているとお医者様にも言われていましたが、何と105日目で完全に首がすわり、107日目で寝返りをしてしまいました！　驚きです。うつ伏せで両手両足をあげてバタバタ動いたり、上半身を高く引き上げて胸をそらすようにして見上げていたり、将来は運動が好きな子になりそうです。体格もどちらかと言えばよい方だと思います。体重は7キロ目前で、6カ月用の服でちょうどよい感じです。今までは、反射的に笑顔を返しているのかな？　という笑みでしたが、最近ははっきりと、あやされて嬉しい、「あっ！　知ってる顔だ！」と感情が笑顔に表れてきていて、とてもかわいいです。自分で握りやすいおもちゃを持って遊べるようになり、はじめはコントロールがうまくできずに顔や額におもちゃを打ちつけていたのが、今は口元に運び、なめて「これ何？」と確認遊びに熱中しています。そう！　3月はヨダレ記念！　3月に入り、ヨダレがとても増えました！　自分の指もしゃぶり、前記のとおり玩具もアムアムしています。祖母とともに、よだれかけを大量に作ってみたけど、間に合わないほどです。百日記念の写真を撮りに出かけたり、とにかくお出かけが多い3月だったので、4月は少しのんびりと過ごせますように。

２０１８年４－５月

４月末に私の母が緊急手術入院になったことが、ここ2カ月における一番の出来事ですが、4月の頭から振り返ってみますね。４月に入った頃から、赤ちゃんのいる同僚と花見に出かけたりしていました。札幌は桜の季節は寒いことが多いのに、今年はポカポカ。抱っこ紐で歩いて近隣の桜並木まで行ったり、外気浴を楽しんだ4月です。４月は週末ごとに来客があり、ベビーカーのお下がりをあげたいという理由で、ＳＮＳから25年ぶりに元同僚が連絡をくれて会ったり、さくらちゃんが運んでくれる人のつながりを実感することが多かったです。自治体の３、４カ月健診と予防接種がありました。順調に進んでいます。この頃からヨダレがすごく増えてワセリンだけでは対応できなくなり、皮膚科デビューしました。今、振り返ると、歯が生えるのがむずがゆかったようです。それで、いろいろかじってなめて、ヨダレの洪水だった様子。よだれ負けの発疹、赤みとは今も格闘しています……。４月の後半には、私が食事しているとじっと見つめてヨダレがタラタラ～。「離乳食を始めないとなぁ」と感じる姿でした。５カ月に入ったら離乳食の準備をと思っていた矢先に、ばあばの入院生活。緊急で手術が決まり、集中治療室は子ども入室禁止。さくらちゃんをどうしたらいいかと途方にくれ、ばあばの命も危ういかもという状況に愕然としていると、仕事仲間が次々と「私、明日、休み！」「家の子どもは大きいから旦那に任せてさくらちゃんを見るよ」と連絡をくれました。結局は集中治療室はすぐに出られて、さくらちゃんを誰かに預けることなく済みましたが、みんなが気にかけてくれている、それがありがたいと思いました。一般病棟に移れてからは、毎日さくらちゃんを連れて通いました。子どもの日は、女の子だけれどかぶとを被って鯉のぼりを手にして、ばあばのベッドで記念撮影。家では寝つくときに大泣きしているさくらちゃんですが、病院ではおんぶしてユラユラすると、すんなり寝てくれました。緊急手術で遅くに帰宅した夜から、布団でコロンとして入眠できるようになったのです。抱っこユラユラ、スクワットで小一時間かけて寝ついていたのが不思議なほど、お布団でコロンとして寝ています。さくらちゃんも何かを感じていたのでしょうか。今では、布団に横たわり、背中トントン、頭ナデナデで眠る習慣がすっかり定着しました。ばあばが退院してきてから少しして、離乳食を始めました。それまで、私の食事の様子をじっと見て、ヨダレがタラタラと出ていただけに、おかゆをよく食べています。初めて離乳食を食べた日から自分でスプーンを持って口に入れるほどの意欲です(笑)。ここ最近は、絵本をじっと見ていたり、名前を呼びかけると顔を向けたり、話すことがわかるような素振り、興味を持って注意を向けている感じがします。少しずつ「真実告知」を意識して、朝夕のあいさつをするときなどは、「おはよう、さくらちゃん。大阪にいるお母さんも元気に起きたかな？」「さくらちゃんおやすみなさい。大阪のお母さんにもおやすみなさいだね」と声をかけていました。ごくごく自然に、さくらちゃんの中に産んでくれたお母さんの存在が入っていくといいなと思っています。赤ちゃんっぽい姿から、ぐっと子どもの雰囲気に近くなり、くすぐり遊びに声を立てて笑ったり、お風呂に入るとシャワーや蛇口の水に手を伸ばすなどたくさんの成長が感じられるようになっています。記しきれませんが、毎日毎日、ああかわいいなぁ、いとおしいなぁと抱きしめて過ごしています。来月は早いもので生後半年を迎えます。来月はどんな成長報告ができるか楽しみです！

2018年6月

6月に入り、生後半年、ハーフバースデイを迎えました。退院してきたばあばもかなり動けるようになり、また、さくらちゃんもいろいろと刺激を求めて喜んでいる様子が見られたので、積極的にイベントや子ども同士の場への参加を始めました。子育て支援室のイベントや保育所の子育て支援事業に誘われることも続き、ベビーヨガ、ベビーマッサージ、わらべ歌遊び、絵本読み聞かせ等々ほぼ毎日のように日中活動の場に出ています。Eテレの『いないいないばあっ！』のキャラクター、『ワンワン』のショーに出かけたのも大きなイベントでした。会場が暑くて、音量も大きくて、近くに来てくれた『ワンワン』の着ぐるみは迫力があり、泣いていたさくらちゃんです。でも、帰宅してから購入してきた『ワンワン』のぬいぐるみをさわりつつEテレの番組を見ている姿からは、余韻を楽しんでいることがうかがえました(笑)。もう少し大きくなってからでもよかったのかもしれませんが……。半年が過ぎて、成長が目覚ましくて日々驚くばかりです。Eテレの番組、キャラクター、絵本、おもちゃ、スキンシップ遊びなどを目にしたり耳にしたりすると、「あっ！これ、好きな絵本だ！」「これこれ〜、楽しいやつだ！」とわかるようで、手足をバタバタさせて、きゃーっと声をあげて喜んでいます。自分で好きなものがわかってきたのですね。これからもたくさんの遊びに触れて、自分の好きなことに多く出会って欲しいと思います。ちなみに、最近のお気に入りの絵本は『おつきさまこんばんは』『ねないこだれだ』『だるまさん〜（シリーズ全部）』などなどです。自分でめくってみたいと頑張っている姿も目にします。お座りが少しの間できるようになり、両手が自由になってから指先が使えるようになり、めくる、つまむといった動作ができるようになって、ちょっと驚いています。早いです。赤ちゃんせんべいを自分で半分に両手で折って口に運ぶ姿は、「本当に生後半年？」

と思うほどです。お出かけが過ぎたのか、一昨日から咳と鼻づまりがみられ、昨夜は久しぶりにグズグズしていました。受診するかどうしようか悩み中です。かかりつけが休診日なので、明日まで待つべきか……。初めての発熱にならないとよいなと思っていました。来月もお出かけが続くので、体調が戻るといいなと思います。少し体調と相談しつつの活動参加かな。水田さんも井上さんも、夏バテせずお過ごし下さいね。

②ひろきくんの成長報告

2017年10月

毎朝の着替えに時間がかかる季節になりました。皆様、相変わらずお忙しくしてみえることと思います。おかげさまでひろきと暮らし始めて半月が過ぎました。少し寝不足ですが、幸せな時間をかみしめております。

先日、堺市の方に母子手帳を送らせていただき、出生証明をいただきました。

本日、仙台市のほうに通知があったとの連絡で、早速保険証等の手続きを終えました。

来週は1カ月健診です。

ひろきは少しミルクの飲みが少なめではありますが、ほっぺがぷっくり、足や指も太くなってきております。子ども相談センターの方や、保健師さんにも来ていただき、今のところ順調かと思います。

いろいろとご心配をおかけしておりますが、何とかひとつひとつ処理していき、半年後には本当の家族になる準備をしていきたいと思っています。今後ともよろしくお願いいたします。ひろきの写真を添付させていただきます。皆様もご自愛下さいませ。

２０１７年11月

ご無沙汰しております。こちらは先週、初雪を見ました。東北はいよいよ冬です。ひろきですが、26日に満2カ月になりました。

実は2週間ほど前に娘がＲＳウイルス感染症に罹患してしまいました。すぐに隔離していたのですが、前日まで同じ部屋で寝起きしていたので、体調を注意深く見ていたところ、17日に軽い咳が出だしたので受診、念のためそのまま入院をしました。その後ＲＳウイルス感染症の症状が進行したので、入院管理でよかったとほっとしました。10日ほど入院して重篤になることなく、今は自宅で過ごしています。入院時の体重は５０８４グラムで、ドクターからは内服薬も使用できるほどの体重なのでラッキーだったと言われました。入院中にあやすとフニャっと笑うようになり、家族みんながメロメロです。(娘はしばらくの間、「私がうつしちゃったから…」としょんぼりしていました)

ミルクの飲みもほぼ元に戻りつつあります。臍ヘルニアは改善してきましたし、便秘もなくなり、快便です。腹筋ができてきたんでしょうね。赤ちゃんの時期は本当に短いと実感しています。

児童相談所の方の訪問は1カ月に1回ずつあり、ひろきを挟んでおしゃべりしています。私もぼちぼち仕事に復帰しなくてはなりません。ひろきと一緒の出勤になりますが、寒いので体調に気をつけなくては、と思います。

写真を添付いたします。実母様はお身体の回復はいかがでしょうか? お大事にしていただければと思います。皆様もご自愛なさって下さい。

2017年12月

ご無沙汰をしております。毎日寒い日が続き、朝起きるのがつらい季節ですね。車の霜が固くなり、ぬるま湯をかけて溶かしています。水田様の体調はいかがでしょうか?

ひろきは明後日、生後3カ月になります。一昨日、保健センターへ身体計測に行ってまいりました。身長58センチ、体重６０４０グラムと順調に大きくなっています。あやすと声を出して笑うようになり、おしゃべりも上手にします。発達も順調で、ありがたく思っています。

つい数カ月前はこの世にいなかった存在が、この3カ月でなくてはならない存在になるという不思議をまた実感し、水田様への感謝も日々新たにしています。兄弟たちもよく世話をしてくれます。次男は毎日お風呂に一緒に入ってくれていますし、しょっちゅう話しかけてちょっかいを出し、時々大泣きさせては平謝りをしています。長女はおむつの交換が上手になり、ミルクの準備、抱っこしてあやしてくれます。朝ベッドを出るときは娘の大事なぬいぐるみをひろきに貸してやることを忘れません。近く、長男が帰省してきますので、彼の反応が楽しみです。

来月には家庭裁判所の方に呼ばれております。これまでの経緯、ひろきとの特別養子縁組についてお話ししてまいります。いろいろとご心配、ご迷惑をおかけするかと思いますが、どうかよろしくお願いいたします。

これからますます寒さが厳しくなるかと思います。とにかくお大事になさって下さい。

2018年1月

新しい年を迎えましたが、水田様もお忙しい日々を送られておられるのでしょうか？今年はひろきの手続き等でお手を煩わせることが多いかと思いますが、どうぞよろしくお願いいいたします。

ひろきは3カ月半を過ぎ、順調に成長しております。うつ伏せが大っ嫌いで、首すわりの訓練にとうつ伏せにすると3秒で怒って泣きます。その顔がとてもかわいらしいのですが、首すわりが遅くなるのではないかと思っていました。

でも、数日前から急に首がしっかりしてきて、こんなふうに日々大きくなるんだなあ、心配しなくても大丈夫なんだ、と嬉しくなりました。指をなめて遊んだり、周りに人がいることを確認して甘えて泣いたり、毎日ひろきのおかげで楽しませてもらっています。ちょっとした風邪をひいたりなどのトラブルはありますが、元気に過ごしております。母乳を飲んでいないせいか、やはり免疫は少ないのだなあと実感しています。ミルクを飲みながらにこにこしてしまうのはちょっと困ります。真面目に飲んで下さい、と話しかけながらの授乳です。少し食が細いように思いますが、大きくなってはいますので、様子を見ようと思います。

先日、家庭裁判所に呼ばれ、調査官の方とお話をしました。これからひろきとの生活の経過を見て特別養子縁組の手続きを進めていければ、と考えています。わからないことだらけで水田様にもご迷惑をおかけすることもあるのではと心配しております。ご容赦下さい。

今年の冬は当地には雪が少なく、とても助かっています。そして、毎日一緒にいられる幸せをいただき本当に感謝しています。水田様もお風邪など召されませんように、お大事になさって下さい。

2018年2月

2月も半ばを過ぎましたが、まだまだ寒さが厳しく、こちらは雪が解けずに残っています。子どもたちは大喜びで雪遊びをしていますが、大人は暖かな日差しが待ち遠しい日々を過ごしています。

ひろきはもうすぐ生後5カ月になろうとしています。首もほぼすわり、おもちゃをつかむことも上手になってきました。昨日まではつかんだおもちゃをうまく口に持っていくことができず、顔にぶつけて泣いていたのに、今日は口に入れて噛み噛みしています。一日一日成長が感じられる時期です。相変わらずうつ伏せは嫌いですが、手足の力がとても強くなったので、寝ていてもどんどん上にずりあがってしまいます。大きな声で「相手をして」と呼びます。娘とはとても仲よしで、目が合うだけでニコニコしています。少しお肌が弱いようで乾燥もあり、ほっぺが荒れたりして薬を塗ることもあります。予防接種も進んでいますし、ほっとしています。

ひろきの毎日を家族みんなで共有して楽しんでいますが、次男が春には進学で家を離れます。ひろきのお世話をする手が減って寂しくもありますが、今の時間を大切にしたいといっそう思います。

2018年3月

ようやく風が暖かくなり、春を感じさせる季節となりました。とはいっても当地では桜と雪が一緒に見られたりしますので油断禁物と、スタッドレスタイヤを替えることができずにいます。

ひろきは5カ月半になりました。よく笑い、おしゃべりは得意で、ジャパネットの高田社長みたいになるかもしれないと、みんなで冗談を言っています。

うつ伏せが相変わらず嫌いで、寝返りの気配は一切ありません(泣)。無理にうつ伏せにすると必死に上を向こうとするので、そちらのほうが寝返りより早いと思います。

離乳食も少しずつ始めています。果汁はあまり好みませんが、重湯、おかゆなどのほかに甘いものはよく食べます。2日ほど前にカブをつぶしたものを口に入れたところ、最初のひと口は不審な顔をしていましたが、準備したものは結局食べてしまいました。

長男が春休みで帰ってきていますし、次男も卒業式が終わり自宅にいます。お世話係が増えて、ひろきも満足そうです。どんなにぐずっていても兄弟の顔を見るとパァッと笑うのが本当にかわいらしく、ありがたいなあと感じています。

先日、計測をしましたが、体重は7200グラム、身長は66センチを超えました。頭囲も順調とのこと、抱っこをしているとすぐに腕がしびれてくるようになりました。成長が嬉しいと思うのと、先日までの何もかも私が守ってやらなくてはならなかった存在がちょっとずつ手を離れていくことを感じさせて、寂しいような気持ちになります。

また来月、ご連絡させていただきます。木の芽時は体調を崩しやすいですので、皆様もご自愛いただければ、と思います。

２０１８年4月

しばらく暖かい日が続き、桜も咲き始めました。自宅の前の桜はまだまだですが、木々の芽吹きが愛おしく感じられる季節です。皆様におかれましては、お変わりなくお過ごしでしょうか？

ひろきは6カ月を過ぎ、毎日成長を見せてくれています。寝返りはやはりしませんが、うつ伏せにすると上手に上向きに戻ります。「うつ伏せがそんなに嫌なの？」とみんなの笑いを誘います。

離乳食もずいぶん進みました。さまざまな食材にチャレンジしましたが、ありがたいことにアレルギーの兆候もなく、好き嫌いもなく、うんちが緩くなることもなく。おやつのハイハインも口をパクパクしてほしがります。あんまりかわいいので、託児所でもおやつの時間は保育士さんたちが見物に集まってきます。誰にでもニコニコするのでかわいがられますし、託児所のお兄ちゃん、お姉ちゃんもお世話をしたくてひろきのそばの取り合いです。環境に恵まれ、ひろきの健康にも恵まれ、感謝しています。

水田様、コウノトリの皆様のおかげでこの子に会えたのだと思うと、足を向けて寝られないとはこのことだと思います。また来月、ご報告いたします。お元気でお過ごし下さい。

２０１８年5月

ＧＷが終わり、少し気持ちも落ち着きそうな穏やかな季節になりましたね。ひろきは7カ月になり、心配していた寝返りもできるようになりました。うつ伏せは相変わらず嫌いなようで、寝返ってもすぐに仰向けに戻ってニタっと笑うのですが、そうやってこちらの反応を見るのは楽しいらしく、何度も繰り返しています。

ＧＷは次男以外（学校がありました）で、青森の方まで遠出をしました。何度か休憩をはさみながらのんびりと行きましたが、たいしてぐずることもなく、おしゃべりしたり、眠ったりしながらでした。お風呂も楽しみましたよ。

離乳食が始まりしばらく経っていますが、2回食になったものの、粒が大きいとのどに引っかかるようでうまく呑み込めず、柔らかめ、小さめのものを食べています。好き嫌いはなさそうで、アレルギーの心配も今のところありません。何でも口をあけてパクパク食べるのでおもしろくなってしまい、離乳食に使えそうな食材をいっぱい試しています。

少しだけ人見知りが始まったように思います。ちょっと強面の初老の方と恐竜のぬいぐるみ。大泣きします。

先日、家裁から連絡があり、6カ月経過したので、もう一度訪問調査に見えるとのことでした。もうすぐひろきが私たちと同じ名字になれるのだと思うと、生活の何かが変わるわけではないのに遠足の前の日みたいなそわそわした気持ちになります。

ホームページなどで皆様のご活躍を拝見させていただいております。私たちのように新しく家族になりたいと願う方がこれほどいるのか、子どもに生きてほしいと願う人がこれほどいるのかと、胸にぐっと感じるものがあります。皆様、お体を大切になさって下さい。また来月ご連絡いたします。

2018年6月

梅雨に入り、蒸し暑く寝苦しい季節になりましたね。ひろきも夜中に気づくとしっとり汗ばんでいます。

ひろきは8カ月になりました。毎日少しずつ成長が見られ、いとおしさは増すばかりです。5月の終わり頃から風邪をひいており、低月齢でRSウイルス感染症の既往があるためか呼吸器が弱く感じますが、病後児保育を利用したり、託児所に登所しながら毎日よく遊んでいます。

体調を崩すと食欲も落ちるので、離乳食がなかなか進みませんが、好きなものを食べる時の大きな口がとてもかわいいです。託児所でもとてもかわいがってもらい、キャーキャー笑っています。

お座りがなかなかできないのですが、苦手だったうつ伏せで上手に方向を変え、寝返りを繰り返して部屋を移動することが出来るようになりました。リビングは家具を壁に寄せてしまい、広くなっています。それでも、時々机の脚の間にはまり込んで大泣きしています。

5月の終わりに家裁の調査官の方がお見えになりました。こちらの方は特に問題なく終わりました。しかし、水田様と調査官が面会できず手続きが滞っており、特別養子縁組の手続きは先になると聞いております。佐藤様も複雑なご事情があるのだろうなあと感じておりますが、少しがっかりしたのは正直なところです。

これからますます暑くなりますし、雨が降れば寒い日もあるかと思います。風邪などひかぬよう、お大事になさって下さいませ。

2018年7月

毎日降る雨がうっとうしく、蒸し暑い日が続いてなかなか体が休まらないですね。皆様、お変わりなく過ごされていらっしゃいますか？

ひろきは9カ月になり、行動範囲が広くなって、毎日、私たちを困らせています。ずりばいでどこにでも侵入するので油断できません。ねこのおもちゃ、エサ、私のスリッパに興味津々で、時々叱られて泣くのがかわいらしくて仕方ありません。託児所ではプールも始まったのですが、まだちゃんと座れないので、バンボに座って水遊びです。

養子縁組の手続きの件は、先日子ども相談センターの方から連絡があり、家裁から問い合わせがあったとのことでした。こちらには進行状況など何も情報がありません。先月の堀内様からのメールでは実母様の事情が複雑でとのことでしたが、ご家庭の問題でしょうか？お気持ちの中に、ひろきと縁が切れてしまうことへのためらいがあるとかではないでしょうか？もし可能ならば、お教えいただけますとありがたいです。もし今後、ひろきを返してほしいなどということがあるとショックですから、状況は知っておきたいと思っています。いろいろとご迷惑をおかけしますが、よろしくお願いいたします。

2018年8月
毎日暑い日が続き、そろそろ少しの雨が恋しいような気持ちになっています。先日の大雨では当地でも初めてというくらいの雨で、土砂崩れが各地であり、一時は北も南も道が閉ざされ、出入りができない状態でした。幸い、我が家は山の中腹であるにもかかわらず、被害がなく過ぎました。でも、ひろきを連れてどう避難したらよいのか、何を持っていけばよいのか、不安な時間でした。

ひろきは10カ月になりました。まだハイハイはできませんが、ずりばいでの移動が速くなり、後追いが始まったので食事の準備が大変です。常にストーカー状態で側にいて、キッチンでは足元にゴロゴロしているので、またぎながらの調理です。熱いものを持っている時がひやひやで、「後追いっていつ終わるの〜?」なんて思います。けれど、振り返るとほんの少しのこの時期は、私にラブ光線を送ってくれる濃厚な時間、嬉しく受けとめることにしています。

ひろきは水遊びが大好きで、託児所で毎日プールに入るのですが、バンボに座って足でばちゃばちゃ、顔に水がかかってもへっちゃらです。「ひろきのことが世界で一番かわいいわ〜」と人目もはばからず言ってしまうので、周囲からはアホ親扱いです(泣)。

先日、吉田法律事務所に連絡させていただき、進行状況をお伺いしました。何とか8月には一歩進みそうで、少しだけ期待をしております。

まだまだ暑い日が続きます。熱中症も例年以上に心配されています。皆様もお体を大切になさって下さい。またご連絡させていただきます。

〔附章2〕

特別養子縁組あっせん法について

平成30年4月1日より、「民間あっせん機関による養子縁組のあっせんに係る児童の保護等に関する法律」（特別養子縁組あっせん法）が施行されました。

この本でもお話ししてきた通り、日本においてはこれまで、保護者がいない子どもや虐待などを理由に家庭で生活できない子どもに対して、大半の場合、施設への入所という措置を取ってきました。

しかし今回の法律がうまく機能した場合、状況は幾分改善されるかもしれません。

養子縁組をあっせんするＮＰＯの活動に特に関わる、新しい内容2点を抜粋して記します。

第6条　国、都道府県及び市町村以外の者は、養子縁組あっせん事業を行おうとするときは、当該養子縁組あっせん事業を行おうとする事業所の所在地を管轄する都道府県知事の許可を受けなければならない。

第22条　国又は地方公共団体は、民間あっせん機関を支援するために必要な財政上の措置、養子縁組のあっせんに係る業務に従事する者に対する研修その他の措置を

講ずることができる。

これまで、民間の団体が養子縁組のあっせん事業を行う際には、申請書を提出するだけで受理されていましたが、第6条により申請の後に「許可」を得ることが必要になりました。

そしてもうひとつの重要な内容は、第22条に記載されている通り「国や地方公共団体が民間のあっせん機関に対して必要な補助金を出す」意向を示していることです。

本書でも何度か触れたように、養子縁組あっせんのほとんどが民間機関によるものであるにもかかわらず、金銭的な補助はこれまで一切ありませんでした。

同じように福祉を支えている、民間の保育園や老人ホームなどに補助金が出ていることを考えても、養子縁組に関わる事業に対して補助金が出ていなかったことは問題だったと言えます。この改革によってどの程度養子縁組を取り巻く状況が改善するかはまだわかりませんが、少なくとも国全体として意識が高まっていくきっかけになるのではないかと考えています。

［附章3］

大阪市による事業不許可通知について

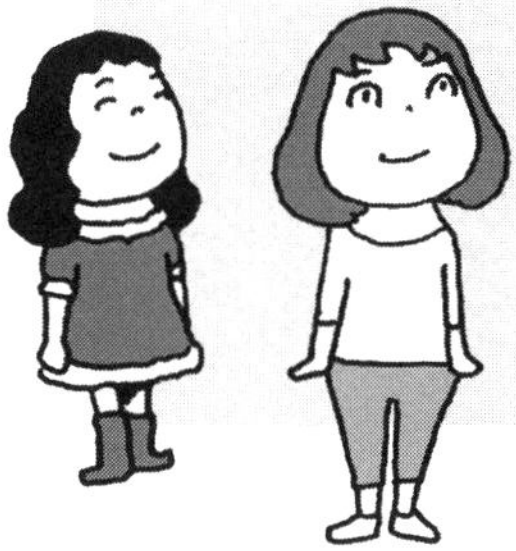

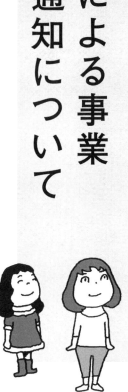

私はNPO団体を設立し、これまでお伝えしてきたような活動を続けてきました。しかし2019年3月19日に、大阪市より「事業不許可通知」が届きました。特別養子縁組の成立件数が圧倒的に少ない現状を少しでも変えたいと懸命に取り組んできていただけに、この通知には大変驚きました。

では、実際にどのような点が「不適切」と受け取られてしまったのか。そして、それらは本当に「不適切」と言えるのか。本章ではその点について整理するとともに、私たちの今後の方向性についてもお伝えできたらと思います。

まず大阪市の通知による不許可となった理由を紹介し、続けてそれに対する私の主張を示しました。

(1) 事業所の所在地として申請した以外の都道府県に「支部」を設け、事業の一部を「支部」に所属する個人あるいは団体が行った。

NPO事業の所在地として申請した都道府県以外では事業を行ってはいけない

規定に対して、私たちのNPOが申請した以外の都道府県に「支部」をつくって事業を行った点が不適切と言われています。

この点に関しては、本部に所属する人員が各地で事業を行っている状況で、法律上でも支部単位の申請は求められていません。各人が持つ情報についても、リアルタイムで共有しています。

(2) 申請者が株主となっている株式会社と一体となって営利事業を行った。

NPO団体は非営利事業でなければならないはずなのに、営利を目的とするものである「株式会社」と一体となって事業を行っているので、それはつまり営利事業であるという判断です。

この点に関しては、効率化の観点から行っています。家庭内養育を必要とする子どもと里親を希望する夫婦がともにあふれているのに対して、養子縁組が一向に進まないことを受けて、効率化を図れる部分は効率化した方が良いと判断しました。一部の業務を外注委託としたのは効率化を目的としたものにすぎず、外注委託が理由でNPO全体として営利事業を行っているとは言えません。こうした事例は社会福祉法人や他の非営利団体においても、自社で賄うリスクよりも外注するリスクが小さい場合には見られるものです。

（3）実親や養親希望者に対する福祉的心理的な支援を十分に行わないままに、養親希望者からあっせん1件当たり50万円、また専用アプリ「コウノトリ」の登録料として月額3千円、その他の寄付金を徴収している。

実親や養親希望者に対する福祉的心理的な支援を十分に行っていないこと。そして、養親希望者からあっせん1件当たり50万円を受け取るなど、不用意な金銭のやり取りをしていることが問題と指摘されています。

しかし、あっせん1件当たり50万円の負担金は法令で認められた範囲です。また、「コウノトリ」の利用料はシステムを利用するための実費、すなわち維持するための費用であり、会費ではありません。適正な利用料を実費として徴収することを営利目的とするのは乱暴な論理です。

その他の金銭のやり取りに関しても、寄付金の強要や、寄付者への優遇といった行為は一切行っていません。また、実親や養親希望者に対する福祉的心理的な支援については十分に行っています。

(4) 申請者は、自己の名義をもって、株式会社及び支部に係る業務の一部を行わせている。

支部は当団体の出先機関であり、自己の名義をもって支部と一体となり業務を遂行しています。名義貸しではありません。

(5) 養親を選ぶ際、その適正性を判断するのに非常に重要な要素である面談や家庭訪問を行わずにマッチングしている例がある。

面談や家庭訪問を行わずにマッチングしたことは無く、事実誤認です。それぞれ最低1回以上は行っています。

(6) 本来あっせん前に養親希望者に対して行うべき、必要不可欠な研修をあっせん後に行うことがあるなど、適正に実施していない。

これについても事実誤認です。施行規則にしっかり基づき、研修も実習もすべての養父母に対してあっせん前に適切に行っていますので問題ありません。

(7) 養親希望者から実親の生活費に相当する費用を徴収し、実親に支給している。また、実親が養子縁組の同意を撤回する際に、支給済みの費用を返金するように求めていて、撤回しにくい状況を作っている。

まず「養親希望者から実親の生活費に相当する費用を徴収し、実親に支給している」ということですが、緊急時に金銭や携帯電話を貸し付けたり必要な支援を行うことは、法的に禁止されていないため問題はありません。

私たちはこれらのやり取りを仲介しているにすぎず、手数料や報酬といったものは一切受け取っていません。

また、実親が養子縁組を取りやめた時に、それまで支援したお金を返金するように求めることが問題と指摘されていますが、必要となった医療費や交通費などの実費は、養子縁組の意思を撤回するのであれば返すのは当たり前のことだと考えています。借りたお金は返すのが、社会的常識であるからです。

著しい事実誤認と非論理的な内容に、私は目を疑いました。ですが行政の判断は尊重し、真摯に受け止めなければなりません。この時点で確定していた子どもと養親のマッチングも解消し、進行中の案件はすべて大阪市に引き継ぎました。すでにマッチングが済んでいた養父母様も悲しみに暮れた様子で御連絡下さり、何の力にもなれない自分に憤りも感じました。

この先一体、自分に何が出来るのか？　これまで情熱を持って取り組んできた事業に、もう一度取り組めるチャンスがあるのか？　今の時点では、正直まだわかりません。

しかし、これまで活動してきた日々や、不妊治療を経て児童相談所へ通った頃のことを思い出すと、私はやはりこの事業を断念することができません。何らかの形でもう一度取り組めるよう、尽力していきたいと考えています。

特別養子縁組を経験する子どもたちのために

「養子縁組なら聞いたことがあるが、特別養子縁組はよくわからない」

「自分は普通の家庭で育ったから、あまり関係のないことだ」

養護を必要とする子どもや少子化に大きな注目が集まっている今日ですら、ほとんどの人が、特別養子縁組にはこのように漠然としたイメージしか持っていないことと思います。私自身、不妊治療を経て妻とともに児童相談所に通うまではそうでした。

人間は何事も、当事者になってみないと理解できないものです。病気になってはじめて健康のありがたみがわかるように、往々にして大事なものは、失ってはじめてその大切さに気付くものです。ですから特別養子縁組が浸透しない現状もある程度は仕方がないことなのかもしれません。

しかし、最低限の知識を持っておくことが時に大きく役立つことがあります。周囲の誰かが予期しない妊娠に悩んでいる時、また自らが直面した時。

取り得るいくつかの選択肢が頭に浮かべば、抱え込みすぎずに、建設的にそれからを考えることができるはずです。

法改正も追い風となって、これからは特別養子縁組を経験する子どもがもっと身近に増えてくることが予想されます。子どもたちのために私たち大人ができるのは、最低限の知識を持ち、あたたかい目で見守ることです。

本書が特別養子縁組への関心や問題意識を持つきっかけになれば、これ以上の喜びはありません。大人が関心を持ち続けることで、今後も制度のあるべき姿を追求することができます。

最後になりますが、本書をお手に取って下さった皆様方、そして製作にご協力いただいた皆様には誠に感謝しております。

2019年6月吉日

ＮＰＯ法人　全国おやこ福祉支援センター
代表理事
阪口源太

私が阪口さんと本書を作りたいと思った理由

えらいてんちょうです。普段は起業家・作家・ユーチューバーとして活動しております。

「産んでくれたら200万円」という強烈なタイトルで、阪口さんが運営する「インターネット赤ちゃんポスト」が炎上したのは、2017年のことでした。赤ちゃんを養子に出してくれたお母さんには200万円を渡すという内容で、人身売買だ、といった批判を受けていました。

2019年の初頭に、私は知己の経営者から阪口さんを紹介され、その内容を知り、ぜひしかるべき手段を使ってこの理念を世間にご紹介したいと思い至りました。

阪口さんは社会起業家として精力的に活動していますが、かなり個性が強く、意義のある仕事をされているのに不必要に非難を集めているように感じられました。そのため、ユーチューバーとして日々多くの人に発信している私が、阪口さんの経験や主張を、みなさんに受け入れやすく、わかりやすい形でお伝えするという趣旨で本プロジェクトは始まりました。無理を聞いていただいたベストセラーズ様、担当編集の藤田さんはじめ関係者の皆様に深く御礼申し上げます。

私が阪口さんとともに本書を作りたいと思ったのは、阪口さんが「一人でも多くの命を救いたいんです」とおっしゃったからです。

中絶をされる方にもさまざまな事情があります。しかし、もしそれが経済的な要因であったら、産んで、育てるのはほかの方に任せるという選択肢がある。妊娠期間は多くの活動が制限されますので、その間の生活費を支援する団体もある。そのほか、多くの活動をしているＮＰＯ法人がある。

そうした選択肢を知った上で、どうするかは個人の考えにもよります。さまざまな事情を踏まえた複雑な状況で、簡単に決めることはできません。しかし、少なくとも私の知らなかった選択肢のひとつを阪口さんは提示され、実行していました。

もちろん、人身売買ではないかといった非難もわかりますし、一朝一夕に結論が出る問題でもありません。本書をきっかけにして、一人でも多くの方がこの問題について考えるようになってくれれば、望外の喜びです。

えらいてんちょう

2019年6月

インターネット赤《あか》ちゃんポストが日本《にほん》を救《すく》う

2019年8月10日　初版第1刷発行

著者　阪口源太《さかぐちげんた》　えらいてんちょう
発行者　小川真輔
発行所　KKベストセラーズ
〒171-0021 東京都豊島区西池袋5-26-19
陸王西池袋ビル4階
電話 03-5926-5322（営業）
03-5926-6262（編集）
http://www.kk-bestsellers.com/
印刷所　近代美術
製本所　フォーネット社
DTP　三協美術
ブックデザイン　フロッグキングスタジオ
漫画　にしかわ たく

ISBN　978-4-584-13931-8 C0036